教育部人文社会科学研究青年项目"新中国成立初期文字改革研究"（16YJC770002）

新中国

XINZHONGGUO
WENZI GAIGE

文字改革

崔明海 ◎ 著

U0742145

安徽师范大学出版社
ANHUI NORMAL UNIVERSITY PRESS
·芜湖·

图书在版编目(CIP)数据

新中国文字改革 / 崔明海著. -- 芜湖:安徽师范大学出版社,2024.12.
ISBN 978-7-5676-6736-5

Ⅰ.①新… Ⅱ.①崔… Ⅲ.①汉字—文字改革—中国—现代 Ⅳ.①H125

中国国家版本馆CIP数据核字(2024)第077788号

新中国文字改革 崔明海◎著
XINZHONGGUO WENZI GAIGE

责任编辑:阎 娟　　　　责任校对:胡志恒
装帧设计:张 玲 汤彬彬　　责任印制:桑国磊
出版发行:安徽师范大学出版社
　　　　芜湖市北京中路2号安徽师范大学赭山校区
网　　址:https://press.ahnu.edu.cn
发 行 部:0553-3883578　5910327　5910310(传真)
印　　刷:安徽联众印刷有限公司
版　　次:2024年12月第1版
印　　次:2024年12月第1次印刷
规　　格:700 mm×1000 mm　1/16
印　　张:12
字　　数:184千字
书　　号:978-7-5676-6736-5
定　　价:58.00元

凡发现图书有质量问题,请与我社联系(联系电话:0553-5910315)

目　录

绪　论 ···001

一、新中国文字改革的选题缘起 ·····················001

二、新中国文字改革的研究综述 ·····················003

三、新中国文字改革的史料和研究方法 ···········007

四、新中国文字改革的研究框架 ·····················010

第一章　中国共产党重启文字改革 ·················014

一、文字改革的社会语境 ·····························014

二、文字改革的理论基础 ·····························020

三、文字改革的决策过程 ·····························025

第二章　汉字简化改革 ·······························032

一、拼音化视野中的汉字简化 ·······················032

二、汉字简化方案的制订及其出台 ·················037

三、社会反响与官方回应 ·····························045

第三章 汉语拼音字母的确定 ······057

一、由国际化拉丁字母到民族形式字母 ······057

二、关于拼音字母形式的争议 ······063

三、汉语拼音方案的颁布 ······069

第四章 知识界关于汉字拼音化的思想争论 ······078

一、表意和拼音 ······079

二、汉字与汉语 ······082

三、教育和应用 ······086

四、拼音化与民族文化 ······091

第五章 "推普"政策的出台及其推广 ······096

一、方言纷杂与国家建设 ······096

二、由学校走向社会 ······103

三、思想动员和社会宣传 ······111

四、教师、教材和教法 ······117

五、"推普"运动的成效与影响 ······124

结 语 ······132

一、文字改革与中国共产党人的初心 ······132

二、群众力量与汉字简化改革 ······137

三、汉字拼音化政策的转向 ······142

四、普通话与社会主义国家认同的塑造 ······147

附录:抗战时期陕甘宁边区新文字冬学运动的历史考察 ·······················153

　　一、拉丁化新文字冬学运动的动因 ·······························154

　　二、拉丁化新文字冬学运动的开展过程 ·······················157

　　四、新文字冬学运动的历史影响 ·······························167

主要参考文献 ···170

后　记 ···181

绪　论

一、新中国文字改革的选题缘起

汉语和汉字是中华文明的重要组成部分，也是中华文明绵延至今而不中断的文脉载体。鸦片战争以后，面对西方强势工业文明的冲击，汉语和汉字经历了百余年的艰难转型和改革。文字改革是近现代中国文化改革和国家建设的重要议题，有着深远的历史渊源和现实影响。近代文字改革肇始于清末知识分子所开启的切音字改革运动，经五四新文化运动的滋养发酵，在20世纪二三十年代阶级革命和国共两党政治斗争的影响下，分化为由不同政治力量和知识群体领导的国语运动和拉丁化新文字运动。中国共产党和左翼知识分子是拉丁化新文字运动的领导者和推动者。拉丁化新文字运动既继承了自晚清以来文字改革的思想遗产，又受到十月革命后苏联境内少数民族文字拉丁化改造和扫盲运动的影响。从20世纪20年代末期开始，在苏联学习的中共党员和革命知识分子如瞿秋白、吴玉章、林伯渠、萧三等产生了为华侨工人创制简单的拼音文字的构想。较早考虑文字改革问题的瞿秋白在苏联汉学家郭质生、龙果夫、莱赫捷尔等的协助下，参考国内"注音字母""国语罗马字"等拼音方案拟定了北方话（以山东话为主）拉丁化新文字方案，并在苏联远东地区中国工人中间进行了初步推广。1933年，在苏联世界语工作者的协助下，焦风、叶籁士等国内世界语工作者将拉丁化新文字理论和方案介绍到国内，并在众多左翼知识分子的支持下，组织成立了相关团体从事新文字的研究、宣传和推广工作，在全国各地乃至海外华侨中产生了广泛影响①。抗战时期陕甘宁边区试行的拉丁化新文字冬学运动是中国共产党将文字改革的理论应用于实践的初步尝试，其目的在于通过文字改革，便利识字教育，提升民众的文化素质以进行政治动员和巩固政权建设，这一运动也成为新中国文字改革的先导。

1949年中国共产党执掌全国政权之后，将文字改革推进到一个新的发展阶段。新中国文字改革（1949—1965年）是近代以来百年文字改革史中承上启下的过渡时期，它是在继承近代切音字运动、白话文学革命、国语运动和拉丁化新文字运动思想遗产的基础上，结合新中国的世情和国情，确定了简化汉字、制订汉语拼音方案和推广普通话作为三大主要任务。这是新中国社会主义革命和文化建设的重要组成部分，对当代中国产生了深远的历史影响。

近些年来，随着各种文集、回忆录和报刊以及地方档案资料的出版和开放，中华人民共和国史的研究逐渐走向纵深。作为新中国文化建设史的重要组成部分，文字改革是这一历史时期不可忽视的研究课题。基于此，本书试图在挖掘新史料的基础上，从历史学角度集中研究1949年至1965年间，中国共产党重启文字改革的历史动因、决策过程、推行经过和社会影响。

这项课题的研究价值在于：一是现有的中华人民共和国史和中共党史

① 关于拉丁化新文字运动的相关史实和最新研究成果可参见：叶籁士：《回忆语联：三十年代的世界语和新文字运动》，《新文学史料》1982年第2期；史萍青著，吴友根译：《关于中国新文字历史的一章（1928—1931）》（上、下），《语文建设》1962年第9—10期；萧三：《忆秋白》，《萧三文集》，新华出版社1983年版，第70页；倪海曙编著：《拉丁化新文字运动的始末和编年纪事》，知识出版社1987年版，第69—85页；焦风：《三十年代中国世界语者介绍拉丁化新文字的一点回忆》，《文字改革》1963年第11期；湛晓白：《语文与政治：民国时期汉字拉丁化运动研究》，河南人民出版社2019年版。值得注意的是，20世纪30年代，文字拉丁化运动在中苏两国的走向并不一致。列宁逝世之后，斯大林推行大俄罗斯民族主义的国语政策，反对拉丁化，推行斯拉夫化，把苏联境内多种拉丁化新文字一律改成俄语字母。所以，当中国境内宣传中文拉丁化的时候，苏联已经放弃拉丁化了。（参见《吴玉章和拉丁化运动》，周有光：《百岁新稿》（修订版），生活·读书·新知三联书店2014年版，第180页。）

对文字改革问题涉及不多，本项研究有利于扩充党史国史的研究内容，特别是有助于厘清和深化新中国文字改革的历史研究，从文字改革角度进一步体察中国共产党人的初心和使命；二是本项研究有利于从文字改革史角度揭示新中国社会主义文化建设的重要成就和艰难历程，为我们客观、理性地评价中国共产党在文字改革中的作用以及中国现行语文政策的历史由来提供史实和学理支撑；三是党的十八大以来，习近平提出要推动中华优秀传统文化创造性转化、创新性发展。如何实现中华优秀传统文化创造性转化、创新性发展是推进中国特色社会主义文化建设的一个重要课题。本项研究可以为推进新时代中国特色社会主义文化建设和坚定中国特色社会主义文化自信提供思想资源和历史借鉴。

二、新中国文字改革的研究综述

改革开放以来，随着中国经济实力的提升和文化教育的日益繁荣，学术界和社会舆论界开始关注有关汉字拼音化、汉字简繁、普通话和方言等问题。正是从这一时期开始，随着历史学、语言学、文字学、文学、教育学等学科的介入，学术界对百年文字改革史的研究也有了进一步发展。不少研究者对清末切音字运动、白话文学革命、南京国民政府推行的国语运动和抗战时期陕甘宁边区中国共产党领导的拉丁化新文字冬学运动作了重新审视和再研究[①]。新中国文字改革也正是在这一大的社会背景和学术语境下逐渐得到学者的关注。新中国文字改革的研究成果大多分散在历史学、语言学和文字学等领域中有关文字改革史、语言规划史、简化字研究以及与文字改革有关的历史人物等主题的研究著作和论文之中，主要集中在以下几个问题。

第一，关于新中国文字改革提出的原因和目的。日本学者藤井明指出，新中国成立后，汉字问题成了识字运动和扫盲运动所面临的现实政治

---

① 有关近代国语运动最新研究成果可参见王东杰：《声入心通：国语运动与现代中国》，北京师范大学出版社2019年版。

问题，同时也是在有限时间内迫切需要解决的重要文化课题。中共要通过解决语言问题，把国民纳入国家的构成之中，建设现代化国家①。王爱云认为文字改革是新中国国民经济恢复和扫盲运动的需要，是旧有文化改造的组成部分②。胡锦贤指出，新中国成立之后推行简体字，本质上是试图为最终实现汉字拉丁化而采取的一项过渡措施，是汉字拉丁化运动的一部分③。周清泉认为汉字简化实际上是想把汉字所承载的"汉人"意识，用简化其意识载体之字体以求达到西方拼音文字那种载体的功用④。台湾学者汪学文和刘胜骥则从反对文字改革的立场出发，认为中国共产党领导的文字改革实为政治运动，是共产国际和苏俄文化侵略下的产物，汉字简化并不是要使汉字永续长存，只是为推行拼音文字准备和创造条件⑤。

　　第二，关于中国共产党人的文字改革思想和实践。毛泽东、刘少奇、胡乔木、吴玉章等的文字改革思想和实践得到学者不同程度的关注。王爱云认为新中国成立后，毛泽东从国家、民族的角度出发，把文字改革纳入我国现代化建设的战略中去考虑，提出了文字改革要走世界文字共同的拼音方向的主张。在确定文字改革的方向和制订文字改革的方案中，毛泽东都有力地指导了新中国文字改革工作⑥。唐芳指出，作为新中国建立初期最早赞成文字改革的领导者之一，刘少奇较早考虑到语言文字对于国家经济发展的重要性⑦。王宗柏、郑林曦、程中原等学者认为，作为文字改革工作的直接领导者和组织者，胡乔木和吴玉章等积极领导并亲身参与新中国的文字改革工作，在文字改革理论研究和宣传推广等方面作出了重大

---

① 藤井明、姜焕柱：《中国的文字改革》，河北大学出版社2000年版。

② 王爱云：《中国共产党与新中国文字改革（1949—1958）》，《党史研究与教学》2009年第6期。

③ 胡锦贤：《百年汉字改革运动的反思》，《湖北大学学报》（哲学社会科学版）2007年第1期。

④ 周清泉：《也谈简体字》，《成都大学学报》（社科版）2010年第1期。

⑤ 汪学文：《中共文字改革之演变与结局》，（台北）"国立"政治大学国际关系研究中心1983年印行；刘胜骥：《中共改革汉字汉语之运动》，《"国立"政治大学历史学报》（台湾）2001年第18期。

⑥ 王爱云：《毛泽东与中国共产党领导的文字改革》，《党的文献》2010年第3期。

⑦ 唐芳：《刘少奇与新中国的文字改革》，《绥化学院学报》2012年第5期。

贡献①。

第三，关于汉字简化改革的争论。文字改革关乎民族文化的命脉。由于立场和视角的不同，研究者对新中国汉字简化改革及简化字的评价争议最多。持肯定态度的学者认为，汉字简化工作总体上是成功的，是利大于弊的。代表者如苏培成认为，新中国成立以来进行的汉字简化工作基本上是成功的，因为简化汉字减少了笔画，提高了阅读清晰度，方便了学习和书写；人们用简化字出版了亿万册书刊，写出了新近创造的文明成果；推行简化字也有利于传承传统文化，因为简化字易学易用，使用的人数众多，更有利于传承传统文化，汉字的简化并不会使传递的信息简化②。但也有一些学者提出异议，指出了简化汉字改革的缺点。段生农认为尽管简化汉字对民族智力的开发有积极意义，但缺点也很明显，如汉字经过简化或新造，改变了原形，使字量增加，破坏了汉字的六书构字规律，增加了识字教育的难度③。陆锡兴也指出，简化汉字当时主要是为了扫盲和初级教育，很难用一种公正的、客观的、长远的态度对待汉字简化问题，没有考虑汉字长期以来形成的发展规律、内在的系统④。台湾学者亓婷婷则对汉字简化改革持否定态度，她认为简化汉字使得文言文的价值受到破坏，造成民众对传统文化的疏离与扭曲，导致传统伦常观念消失等⑤。关于汉字简化问题，各方论者基于不同的立场和论据，言人人殊，引起了社会舆论的关注，成为近年来文化界的一个热点议题。这也是引发有关汉字简化

① 王宗柏：《吴玉章的文字改革思想与实践》，《锦州师范学院学报》(哲学社会科学版)1985年第3期；郑林曦：《新中国文字改革工作的关键人物》，《语文建设》1993年第9期；程中原：《胡乔木：二十世纪中国文字改革的杰出代表》，《南京师范大学文学院学报》2002年第1期。

② 苏培成：《重新审视简化字》，《北京大学学报》(哲学社会科学版)2003年第1期；苏培成：《简化汉字60年》，《语言文字应用》2009年第4期。

③ 段生农：《关于文字改革的反思》，教育科学出版社1990年版。

④ 陆锡兴：《简化字问题散论》，史定国主编：《简化字研究》，商务印书馆2004年版。

⑤ 亓婷婷：《从中共文字改革历史看简化字》，《台湾师范大学学报》(台北)2009年第2期。

问题的研究著述日益增多的重要社会原因①。

第四，关于新中国文字改革的总体评价。不少学者都肯定了文字改革的历史作用和影响，王爱云认为尽管有着这样那样的时代局限性，新中国文字改革的政策与实践取得了很大成功，在世界上产生了深远影响②。陈章太、胡瑞昌等认为汉语拼音对于注音识字、语文教学、扫盲、推广普通话、国内少数民族创制和改革文字、对外汉语教学、国际交流以及信息技术领域的应用和发展等都发挥了巨大作用③。于根元认为新中国以来的普通话推广在促进经济发展与社会交流、维护国家统一和增强中华民族凝聚力方面起到推动作用④。

从语言学和文字学角度研究简化字和汉语拼音方案当然是不可或缺的⑤，但若仅仅从语言学、文字学内部角度对文字改革这个议题进行理论分析是不够完整的，也难以见到历史全貌。有研究者正是注意及此，从历史演进和政策发展角度对中国共产党的文字改革思想和实践作了较为系统

---

① 对简化字作出肯定性评价，认为简化字利大于弊的代表性著述有：胡明扬：《简化汉字的功过》，《语文建设》1991年第1期；王宁：《二十世纪汉字问题的争论与跨世纪的汉字研究》，《中国社会科学》1997年第1期；周有光：《形体简化是一切文字发展的共同规律：纪念〈汉字简化方案〉公布50年》，《群言》2006年第6期。揭示简化字缺点的著述有：缪钺：《简化字刍议》，《中国文化》1992年第6期；何林：《刍议简化汉字》，《首都博物馆丛刊》2009年总第23辑；流沙河：《正体字回家：细说简化字失据》，新星出版社2016年版。

② 王爱云：《中国共产党领导的文字改革》，人民日报出版社2015年版，第311—337页。

③ 陈章太：《〈汉语拼音方案〉的功绩、发展及问题》，《语言文字应用》2008年第3期；胡瑞昌：《〈汉语拼音方案〉50年的成就与思考》，教育部语言文字应用管理司编：《汉语拼音教学国际研讨会论文集》，语文出版社2010年版。

④ 于根元：《推广普通话60年》，《语言文字应用》2009年第4期。

⑤ 谢世涯：《新中日简体字研究》，语文出版社1989年版；张书岩等编著：《简化字溯源》，语文出版社1997年版；刘家丰：《论简化字》，远帆世纪出版社2007年版；栗洪武、樊红雷：《陕甘宁边区新文字扫盲教育实验与〈汉语拼音方案〉制定》，《教育研究》2018年第7期；冯志伟：《汉语拼音走向世界：成绩与缺憾——纪念〈汉语拼音方案〉颁布60周年》，《北华大学学报》（社会科学版）2018年第2期；马庆株：《〈汉语拼音方案〉研制历程及当代发展：兼谈普通话的推广》，《语文建设》2018年第19期；袁钟瑞：《新中国推广普通话70年》，《汉字文化》2020年第1期。

的研究，使得我们对中国共产党领导的文字改革历程有了整体性的认知①。不过，文字改革史的内容繁多，相关史实仍不免存在大而化之、模糊不清之处。诸如新中国成立之后中国共产党为何重新启动文字改革，文字改革工作者采用了哪些理论资源来论证文字改革的必要性，汉字简化方案如何制订，汉语拼音字母如何确立，推广普通话的政策如何出台，文字改革在社会推行以后，引起了什么样的思想争论、社会反响和历史影响等问题还有待深入研究。

三、新中国文字改革的史料和研究方法

本研究以马克思主义唯物史观作为指导，通过全面搜集和研读新中国文字改革史的多元资料，将历史人物的"思想"与"行为"放置在广阔的时代背景中加以考察，客观和全面呈现时人的思想和行为，探讨背后的动机和意义。具体来说，本研究试图突破学术界以往过于注重文字改革史的政策式研究路径，亦即不仅仅局限于梳理和总结文字改革政策的具体内容，还进一步分析文字改革动议、政策形成的具体成因，包括文字改革的领导者和参与者为何要提出文字改革，他们提出文字改革、制定文字改革政策时借用了何种思想资源，他们的思想认识和实践行为与当时社会之经济和政治等因素之间有何种互动关系等。

要深化新中国文字改革历史研究，就要把文字改革置于新中国特定的政治和社会语境中，具体分析中国共产党人和文字改革工作者的思想动机和实践行为。新中国文字改革不是共产党人的突发奇想，而是有其历史渊源。20世纪30年代拉丁化新文字运动是新中国文字改革的直接历史源头，很多新文字工作者后来成为新中国文字改革的重要领导者、组织者和参与者，为文字改革提供了诸多思想资源和实践经验。当然，自清末发端的近

---

①《当代中国的文字改革》编辑委员会编：《当代中国的文字改革》，当代中国出版社、香港祖国出版社2009年版；王爱云：《中国共产党领导的文字改革》，人民日报出版社2015年版；王爱云：《新中国文字改革》，人民出版社2019年版。

代文字改革和苏联方面的文字改革对新中国文字改革产生了间接影响，提供了部分改革思想资源。

20世纪50年代，自中华人民共和国成立之后，中华民族取得了独立地位，中国共产党成为全国性执政党，制定了国家建设的新规划，开启了经济、政治、文化和社会层面的各项建设。与此同时，东西方关系也有了巨大变化，资本主义阵营和社会主义阵营对立竞争的冷战格局对新中国社会主义革命和建设都产生了重要影响。毫无疑问，中国共产党这时提出文字改革的外在环境、内在诉求和决策过程都与新民主主义革命时期拉丁化新文字运动有了很大不同。

后世研究者只能借助于时人遗留下来的各种史料对历史行动者的主观意识和实践行为进行间接分析。以毛泽东为核心的中国共产党人是新中国文字改革工作的领导者和决策者，这就决定了研究者首先需要弄清楚党和国家领导人毛泽东、刘少奇、周恩来等人对文字改革持有什么样的看法。毛泽东从新民主主义革命时期就开始对文字改革问题甚为关注和支持。1936年，毛泽东曾在接受美国记者斯诺访谈时就说到他对汉字拉丁化的看法，斯诺的《红色中华散记（1936—1945）》一书对此有相关记述。1940年，陕甘宁边区开展拉丁化新文字冬学运动时，毛泽东亲自参与这场运动并予以支持，他曾给《新文字报》题词用以支持新文字教育，同时期他在《中国文化》创刊号上发表的《新民主主义的政治与新民主主义的文化》一文中也提到语言文字改革的必要性。这些材料都是我们考察新民主主义革命时期毛泽东文字改革思想的重要史料。

新中国成立之初，中国共产党的政治地位发生了根本变化，毛泽东关于文字改革的思想也有了一些相应的发展。毛泽东这一时期很少在公开场合谈论文字改革问题，他的意见较多反映在一些私人谈话、口头指示、文件批语和中央政治局会议的讲话中。曾做过毛泽东青年时代的国文兼历史教师的语言文字学家黎锦熙就在日记中记载了这一时期他与毛泽东关于文字改革问题的通信和见面谈话的内容，相关日记内容已在《党的文献》（1999年第3期）上公布。俄国驻华参赞费德林的回忆录中记载了毛泽东在第一次访苏期间与斯大林的谈话内容，其中就涉及他对中国语言文字的性质和功用的评价。2023年版《毛泽东年谱》（第五卷）记载了毛泽东在1953年5月18日晚间召开的中央政治局会议上关于文字改革问题的谈话内容，《建国以来毛泽东文稿》中公布了一份毛泽东与他的同学蒋竹如的信件，这封信也比较清晰地反映了毛泽东对文字改革问题的看法。具体到文字改革的实际步骤，诸如汉字如何简化和汉语拼音字母如何选择的问题，毛泽东对当时主管文字改革实际工作的胡乔木、吴玉章和马叙伦都有口头指示，他们在不同场合的讲话中都转述了毛泽东的指示。就笔者所见，毛泽东在1956年1月20日中央召开的知识分子问题会议的讲话中提到文字改革问题，这也是他仅有的一次涉及文字改革问题的公开讲话。这次讲话的全文没有公布，讲话部分内容散见于当时参会的知识分子的文字记录和《毛泽东年谱》。

刘少奇和周恩来关于文字改革问题的一些指示和看法同样散见于文件批语、政府会议、私人和公开的讲话中，相关文字记录和讲话内容在《建国以来刘少奇文稿》《周恩来年谱》《人民日报》上都有公布。胡乔木和吴玉章等是文字改革工作的具体领导者和推动者，《胡乔木书信集》《胡乔木谈语言文字》《吴玉章往来书信集》《文字改革文集》等对胡乔木和吴玉章等的文字改革思想都有集中反映。

1952年成立的中国文字改革研究委员会（后改组为"中国文字改革委员会"）是官方文字改革的研究和推行机构。在党和政府的领导下，这个机构承担了文字改革三大任务，研究和制订了汉字简化方案、汉语拼音方案。因为条件限制，笔者无法看到该机构的官方档案，但这个机构主办的刊物《中国语文》《拼音》《文字改革》以及由《文字改革》杂志编辑部编纂的《建国以来文字改革工作编年记事》一书比较详细地记载了文字改革工作者的言论和改革实践，这是研究新中国文字改革的主体史料。笔者还参考了1953年郭沫若与斯大林的谈话记录以及阿尔辛节夫和谢尔久琴柯两位苏联专家发表的关于中国文字改革问题的公开讲话，这些史料从某一方面反映了苏联方面对新中国文字改革的看法和影响。

就社会层面而言，文字改革政策出台以后，一般知识分子对于文字改革有何看法和认知，除了以上我们提到的史料之外，《人民日报》《光明日报》《文汇报》等报刊上也公开发表了一些知识分子的评论文章，杜子劲主编的《一九四九年中国文字改革论文集》《一九五○年中国语文问题论文辑要》和文字改革出版社整理的《汉语拼音方案草案讨论集》等图书收集了当时专业研究者、知识分子对于文字改革的意见。后来出版的一些知识分子的日记、回忆录和文集，比如《吴宓日记续编（1954—1956）》《吴宓书信集》《积微翁回忆录》《叶圣陶日记》《张元济全集·日记》《梦甲室存文》等都是比较重要的史料。在地方档案馆收藏的档案文件中也有一些反映地方知识分子对文字改革看法的记录，这些史料都比较全面地反映了当时知识分子对于文字改革的复杂态度。这些都是以往研究中较少利用的史料，可以从社会史角度进一步充实文字改革研究的内容。

文字改革（特别是简化字、普通话）在基层社会推行以后，关于工农群众对此有何种社会反应的资料则相对缺乏。普通的工人和农民非常支持文字改革，但他们的态度只能依靠知识分子来记录。因为大多数工农群众文化水平低，他们对于文字改革的看法很难有直接的文字留存，笔者主要利用了地方档案馆的档案史料、当时报刊登载的新闻报道、知识分子的观察记录和文史资料中的回忆文字、口述史资料等。只有把这些多元史料综合起来纳入新中国的经济、政治和社会关系中进行考察，才能对党和国家领导人、文字改革工作者、一般知识分子和工农群众的文字改革思想和具体实践有一个较为全面的认知，力求做到理论逻辑与历史实践的辩证统一，客观展现新中国文字改革的内在历程及其复杂性。

四、新中国文字改革的研究框架

新中国文字改革的主要任务是简化汉字、制订汉语拼音方案和推行普通话，具有很强的政策性，同时，它又是一项严谨细致的工作，具有很强的专业性。本书不是通史类的写作，主要是从政治史、文化史和社会史等角度研究新中国成立之后中国共产党提出文字改革的政治意蕴，探析新中国文字改革的理论资源、决策过程、推行实践、思想争论和历史影响，呈现中国共产党人和文字改革工作者、一般知识分子和工农群众在这场文字改革中的思想认知和实践行动，以期进一步深化新中国文字改革史研究，分析文字改革与新中国政治、社会和文化的互动关系及其变化，消除人们对于中国共产党领导的文字改革历史的错误认识。

全书主要由绪论、正文和结语三个部分组成，开篇绪论部分概述学术界对新中国文字改革的研究现状，并对本书的研究史料和方法以及各章主要观点作总体介绍。本书主要采用专题式写作方法，第一章至第五章分别就新中国文字改革三大主要任务即汉字简化、制订汉语拼音方案、推广普通话中的重要议题和相关史实进行深入研究。

第一章主要从历史合力角度揭示新中国成立之后，中国共产党重新提出文字改革的动因和决策过程。在实现"政治翻身"之后，扫盲和普及教育的需要成为中国共产党启动文字改革最为重要的现实动因，这反映了党和政府想在短时间内提高民众文化水平的迫切愿望；文字改革工作者所构建的文字改革理论为这项改革提供了思想支撑；党和政府的鼎力支持是新中国文字改革工作得以提上日程并进入实质性研究和推行阶段的政治前提条件；越南和朝鲜等周边国家推行文字拼音化改革之后，在识字扫盲方面所取得的成就对新中国的文字改革工作产生了很大的推动和示范作用。中国共产党领导的文字改革并不是"苏化"的结果，而是从人民和国家的利益出发，为了识字扫盲、普及教育和发展文化，服务于社会主义国家建设。

第二章研究新中国汉字简化改革的提出、汉字简化方案制订的经过，并进一步揭示简化字分批推行之后，当时社会各界对这场改革的认识、争议以及官方的回应。在当时汉字拼音化改革的理论和实践问题仍未得到解决的情况下，为了更快地扫除文盲和普及教育，进行汉字简化就成为党和政府一种较为现实的选择。在党的领导下，新中国成立初期的汉字简化改革主要由语言文字研究专家主导，在顺应群众需求的同时，并没有过分追求简化，走向"民粹"路线。在汉字简化方案的制订和推行过程中，文字改革工作者以"约定俗成"为基本原则，参考了近代以来学术界对简体字的研究成果，广泛征求社会各界的意见，对其作了有针对性的修改，分批推行，维护了汉字本身的稳定性和规范性。绝大部分知识分子和普通群众是支持汉字简化改革的，特别是推行简化字有利于识字扫盲，进一步增强了工农群众对新政权的政治认同，但亦有一些知识分子对简化字产生了疑义。

第三章揭示文字改革工作者确定汉语拼音字母的理论基础、社会政治影响因素及历史经过。新中国成立之初，尽管中国对苏联实行一边倒的外交政策，国内一些知识分子也主张采用俄文字母，与苏联结为"文字同盟"。但是，中共中央和文字改革工作者主要考虑的是民族形式字母和国际化拉丁字母的两种方案。基于历史传统和民族习惯，毛泽东一开始建议创制民族形式（汉字笔画式）的拼音字母。不过，经过文字改革工作者的研究和拟制，中共中央在综合各方面意见和分析各种字母方案的利弊之后，认为采用拉丁字母作为汉语拼音字母是适宜的。1958年，经过国家最高权力机关——全国人民代表大会的批准，汉语拼音字母和汉语拼音方案被正式确定下来了。

第四章研究新中国知识界关于汉字拼音化的思想争论，分析各方争论所凭借的思想观点、争论内容及其历史影响，进一步揭示文字改革与政治的紧密联系。由于获得了中央政府的支持，延续了近半个世纪的汉字拼音化运动进入了一个新的发展阶段。但是，在看似社会支持态度占据主导地位的局面之下，知识分子群体内部对此问题却存在较大的分歧，远没有达成集体共识。在1955年《汉字简化方案草案》出台前后，知识界围绕着汉字是否应该拼音化、汉字能不能拼音化等问题的思想争鸣逐渐公开化，并产生了较大的社会影响。这场思想争鸣客观上使得党和政府进一步意识到汉字拼音化的方向并不是定论，而这一争论所留下的思想遗产也为20世纪80年代中后期国家调整文字改革方向奠定了基础。

第五章研究20世纪50年代中后期，中央政府推广普通话政策的出台过程及其在农村基层社会的推广过程和历史成效。推广普通话是新中国文字改革工作的三大任务之一，也是社会主义文化建设事业的重要组成部分。随着社会主义基本制度的确立和集体化生产方式的转变，这种集中和统一化的政治制度和经济制度迫切需要统一的语言与之配合运行。语言统一也因此成为新中国社会主义国家建设中要继续完成的"政治任务"。中国共产党强大的社会动员能力与工农业大跃进运动促使20世纪50年代末期普通话的推广工作由学校走向社会，发展成为群众性的语言学习运动。借助国家力量的推动，新中国推广普通话运动取得了即时成效，在引导群众说普通话、提高群众文化水平、传播主流意识形态和增强群众的政治认同等方面发挥了重要作用。从长远来看，推广普通话这项语言战略规划和政策对中华民族共同体的塑造和社会主义国家建设发挥了重要作用，产生了深远的历史影响。

结语部分对中国共产党推行文字改革的初心、群众力量与汉字简化改革、汉字拼音化的现实难题与政策转向、普通话和社会主义国家认同的塑造等问题进行了总结和反思。最后附录部分的一篇论文考察了抗战时期陕甘宁边区推行拉丁化新文字冬学运动的历史经过，揭示了它与新中国文字改革存在的关联。

第一章　中国共产党重启文字改革

　　1949 年 10 月 10 日，新中国刚成立不久，诸多知识分子延续近代文字改革者的理想和热情，成立了文字改革的学术研究团体——中国文字改革协会，该协会主要理事一致同意"把研究拼音文字作为主要任务"①，并通过吴玉章、胡乔木等人向中共中央建言献策，继续推进汉字拼音化运动。在征询各方意见和思考之后，1950 年 6 月，毛泽东主张首先进行汉字简化工作。1951 年下半年，毛泽东认可了文字改革工作者提出的汉字拼音化的主张，作出了"文字必须改革，要走世界文字共同的拼音方向"②的重要指示。这标志着中国共产党在执掌全国政权以后正式重新启动文字改革。

一、文字改革的社会语境

　　列宁曾说："在一个文盲的国家里是不能建成共产主义社会的。"③共产党人经常援引这句经典名言来强调扫除文盲对于无产阶级革命和社会主

---

① 新华社：《中国文字改革协会主要任务研究拼音文字　协会首次理事会一致同意并选吴玉章等为常务理事》，《人民日报》1949 年 10 月 21 日，第 4 版；《文字改革》杂志编辑部编：《建国以来文字改革工作编年记事》，文字改革出版社 1985 年版，第 7 页。

② 马叙伦：《中国文字改革研究委员会成立会开会辞》(1952 年 2 月 5 日)，《中国语文》1952 年创刊号，第 4 页。

③ 《列宁选集》(第 4 卷)，人民出版社 2012 年版，第 294 页。

义国家建设的重要性。在新民主主义革命时期，共产党人就开始高度重视扫盲工作，在根据地通过举办识字班、冬学、业余补习学校等多种方式来扫盲。抗战胜利前夕，毛泽东就明确指出："从百分之八十的人口中扫除文盲，是新中国的一项重要工作。"①如何快速扫除文盲是社会主义革命和国家建设中亟待解决的现实问题。所以，新中国刚成立不久，中共中央就决定开展干部、职工、农民业余教育，开始在全国范围内进行扫除文盲的工作。

从语言文字的内在特性来看，扫盲的目的是要将文字还给大众，从而体现出语言文字的全民性。但是，用汉字进行扫盲的效率如何呢？根据当时文字改革工作者的研究，普通工农群众能够顺利阅读通俗书报，需要学会1500至2000个汉字，普通人学认、会写、会用这个数量的汉字至少需要两三年的时间。因此，这样的识字效率与工人的生产生活时间必然会产生很大的冲突。因为一般工人平时生产任务重，工作时间长，工人和干部只能挤时间、误生产、停工作，硬着头皮去学习汉字，以至于在很多工厂里，许多识字班抢不过生产时间，只好停下来②。在农村，用汉字扫盲困难更大。为了学习汉字，很多农民虽然做到"在家画书本，睡觉画肚皮，坐在田边画地皮"，但结果不甚理想。一般冬学一期能教二百多字，接着是春耕、麦收、夏锄、秋收，到第二年冬季，原来学的就忘得差不多了，结果是"年年上冬学，年年不识字"③。与使用拼音文字扫盲的国家相比，中国扫盲所需的时间要更长。在苏联，4个月可以扫除一个文盲；在朝鲜用谚文扫盲，也只要102个小时。而我们用汉字扫盲，一般需用500个小时，约合两年的业余时间④。由此可见，学习文化知识、提高政治觉悟和

---

①《毛泽东选集》(第3卷)，人民出版社1991年版，第1083页。

② 林曦：《方块字妨害了工人的文化与技术的进步》，杜子劲编：《一九五〇年中国语文问题论文辑要》，大众书店1952年版，第100—102页。

③ 郑林曦：《王二庄农民识字情况调查》，杜子劲编：《一九五〇年中国语文问题论文辑要》，大众书店1952年版，第251—252页；操震球：《农业合作化与文字改革》，《文字改革》第43期，《光明日报》1955年10月26日，第3版。

④ 郑林曦：《汉字改革》，新知识出版社1957年版，第35—36页。

生产技术水平，这些都不是汉字所能"迅速"做到的。

要花费大量时间和精力来学习汉字，不只是这些文盲，还有那些在普通学校里的儿童。从比较视野来看，支持文字改革的知识分子就指出，新中国成立初期，中国的初等教育年限比实行拼音文字的苏联和欧洲国家要更长；与日本相比，语文教学效果也差不少[①]。当时中央政府曾颁布政令将六年制初等教育改为五年制[②]，但全国难以统一，很多地方小学实行的还是六年制，汉字的繁难是初等学制年限难以缩短的重要原因之一。

正是汉字的繁难促使很多人想在识字方法方面作一些改进。1951年祁建华速成识字法风靡一时，但在实际推行中，普遍发现了一连串的问题：时间过短，容易造成夹生、回生现象，不能巩固，收效不可靠。文字改革者不得不思考纠缠了他们半个世纪的问题：识字教育出现的问题和困难，到底是汉字本身的问题，还是教学方法的问题？他们的结论是：造成这些困难的根源在于汉字本身的问题，不是识字方法问题。如果不改革汉字，即使有更完美的速成识字法，也不能避免上面这些问题。尽管当时有不少人认为在新社会，在人民政府的领导下，用汉字也可以扫除文盲。但能用汉字扫除文盲，并不意味着不必改革汉字。问题不在于能不能扫除文盲，而在于用汉字来扫除文盲合算不合算的问题。胡愈之曾就此算了一笔经济账，比较了汉字和拼音文字的优劣，"采用拼音文字的国家或民族，可以在4年中间完成我们必须6年方能完成的小学教育。我们现在有小学生5000万人，如果每人节省掉2年的学习时间，5000万人不是节省了很多时间了么？"[③]这样计算时间成本的话，汉字的确难以匹敌拼音文字。曹伯韩也指出，"随着社会经济的发展，文字为政治、经济服务的要求一天天迫切起来，因而那种徒然耗费过多脑力和时间去学习，使用时又不便于机械化（打字、排字、打电报等）的旧符号体系，大大不合于经济原则，就必

---

① 文彬：《汉字减低了教育的效率》，《文字改革》第5期，《光明日报》1954年5月12日，第3版。

②《中央人民政府政务院关于改革学制的决定》，《人民日报》1951年10月3日，第1版。

③《在中国人民政治协商会议第二届全国委员会第二次全体会议上的发言 胡愈之的发言》，《人民日报》1956年2月9日，第5版。

然会要被淘汰，而为一种新的符号体系所代替"①。由此可见，如何快速适应扫盲和普及教育的需要成为新中国文字改革最为重要的现实问题，这也反映了党和政府想在短时间内提高民众文化水平的迫切愿望。

社会主义革命和建设不仅需要完成扫除文盲、普及教育的基础性工程，也要进一步发展社会主义新文化。工农群众不但是被启蒙者，同时也要成为社会主义新文化的创造者，能利用文字来创造新文化。汉字在其中起到何种作用呢？倪海曙认为繁难的汉字过去充当了统治阶级阻碍人民接近文化的有力工具，起到了"围墙"的作用②。陆志韦也指出，汉字将文化局限于文人的小圈子之内，离大众甚远。如果不改革汉字，文字上只能由"已经在旧社会取得特殊权利的人来领导文盲大众"，工农大众无法掌握文字就难以创造新文化和新政治③。很显然，在文字改革者看来，汉字是工农大众创造社会主义新文化和进行政治动员的障碍，改革汉字就是要打破大众和文化之间存在的这层围墙和障碍，让人民更容易掌握文字，获得创造新文化的主动权。由此观之，新中国文字改革者不仅从普及教育的目的，也从文化革命的要求出发，提出进行汉字改革、推行拼音文字的呼吁，希望为政治上已经翻身的工农群众实现"文化翻身"、组建新知识界创造必要的前提和条件④。"新知识界"的形成是文化革命的结果，而文字改革是文化革命获得成功的基础和保证，这就将文字改革在文化革命中的重要作用进一步凸显出来了。

文字改革不仅是扫盲和普及教育的需要，同时也是为了便利少数民族学习汉语文，提高少数民族文化水平。中国是统一的多民族国家，为了进一步增强中华民族的凝聚力，少数民族除了学习本民族的语言文字之外，还需要尽可能地学习汉语和汉字。新中国成立之后，有大批边疆青年来到

①《中国文字没有阶级性》(1952年)，曹伯韩：《语文问题评论集》，东方书店1954年版，第98页。

② 倪海曙：《S.W.Z漫谈》，杜子劲编：《一九四九年中国文字改革论文集》，大众书店1950年版，第165页。

③ 陆志韦：《"五四"纪念再谈谈新文字》，杜子劲编：《一九四九年中国文字改革论文集》，大众书店1950年版，第12页。

④《文字改革可加速组成新的知识界 许崇清代表的发言》，《人民日报》1958年2月14日，第11版。

内地读书。不过，少数民族学生学习汉字有着非常大的困难，这一时期在内地求学的少数民族学生纷纷给报刊发来信件，表达了对于文字改革问题的关切之情，呼吁进行文字改革①。

随着中华人民共和国在国际事务中发挥着越来越重要的作用，很多外国人对新中国的看法和认知都发生了积极变化。但在国际交往中，汉字却成为很大的障碍。这表现在：一是外国人学习汉字难度很大，也迫切希望中国进行文字改革。1950年初，冯至到捷克参观访问，常碰到捷克青年、工人或者新闻记者关切地问到中国的文字改革问题，"你们的文字什么时候才能改为拼音文字呢？"很多东欧友人关心中国的文字改革，他们想学习中国文，想进一步认识新中国。但汉字却让他们望而生畏，因此他们也希望中国文字能够迅速改革②。1954年9月，印度总理尼赫鲁会见毛泽东时说，他到了中国以后，就学习中国的文字。他希望毛主席能把中国的文字简化一下。此时毛泽东把文字改革看成是未完成的革命，并指出，"我们一定要把我们的不合理的、复杂的文字加以改善"③。二是汉字不利于科学和文化的传播交流。一些语文研究者和科学家都指出，由于汉字形体复杂，采取单音制，每一个汉字代表一个音节，所以用汉字来翻译外文的名词和术语，如果直接用音译，就会有很多不便。往往同一个译名，有很多种不同的写法。因为字体本身不能表示正确的音读，即使同一种写法，也有各种不同的读法，以至于跟原来的语音相差甚远，或者使人望文生义，产生一些牵强附会的解释。所以说，汉字这种表意文字不利于用来表

---

① 阿旺登主口述，王尧笔记：《藏族学生希望汉字快点改革》，《文字改革》第6期，《光明日报》1954年5月26日，第3版；《阿满·伊麻束夫给编辑的来信》，《文字改革》第10期，《光明日报》1954年7月21日，第3版；伍华谋（中央民族学院侗族学生）：《文字改革是少数民族同学共同的愿望》，《文字改革》第15期，《光明日报》1954年9月30日，第6版。

② 冯至：《新中国在东欧》（1950年6月），韩耀成等编：《冯至全集》（第3卷），河北教育出版社1999年版，第143页。

③ 中共中央党史和文献研究院编：《毛泽东年谱》（第5卷），中央文献出版社2023年版，第290页。

述外来语，这一定程度上阻碍了国际的科学文化交流①。

20世纪50年代，汉字与现代信息科技还无法实现有效的结合，在实际应用方面效率低下，这引起了文字改革者的普遍关注和担忧。由于汉字形体的繁复，用汉字书写、记录、打字、印刷、收发电报、传达信号、编辑字典、编制索引，比使用拼音文字，要耗费更多的劳动力，在利用现代科学技术的最新成果方面也要发生很多困难②。1952年，袁水拍在出席维也纳世界人民和平大会时就观察到，中文在新闻电报、通讯、特写方面，不如其他国家代表团用的拼音文字方便。因为中国的函件、报告、文章，不能像拼音文字一样，只需用一架包括二三十个字母的打字机和发报机，就可以打出来、发出去，而需要经过翻译的工作，译成明码、密码，一收一发至少要译两道，不仅费事，而且费时。在没有中国使馆的地方，汉文电报就不能发，只好让稿子转到有中国使馆的国家，托那里的使馆派发。再不然，只能把稿子先译成外文，再发到国内③。采用拼音文字的国家，不管是印刷还是打字都可以采用最新式的机械化工具，工作效率非常高。所以，支持文字改革的知识分子普遍认为，只有推行拼音文字才能更好地适应现代科学技术的发展，提高工作效率。反之，如果保持汉字的现状，不加以改革，就会大大降低文字的实际应用效率，这对于国家工业化和整个国民经济的发展，也会有间接不利的影响。

综上所述，文字改革既是普及教育、组建工农"新知识界"和发展社会主义新文化的基础条件，也是提高少数民族文化水平，加强国际科学文化交流和适应新兴技术革命的现实要求。正是基于这样的考量，中国共产党第八届全国代表大会第二次会议的工作报告就将文字改革列为文化革命

---

① 张世禄：《汉字的改革和简化》，《文字改革》第35期，《光明日报》1955年7月6日，第3版；郭沫若：《为中国文字的根本改革铺平道路：在全国文字改革会议上的讲话》，《人民日报》1955年10月25日，第3版；竺可桢：《方块字必须用拼音文字来代替》，《文字改革》1957年第10期，第7页。

② 吴玉章：《关于汉字简化问题：在政协全国委员会报告会上的报告》，《人民日报》1955年4月7日，第3版。

③ 袁水拍：《关于诗、关于电报》，《文字改革》第3期，《光明日报》1954年4月14日，第3版。

的主要任务之一，将其看作社会主义文化建设事业的重要组成部分①。

二、文字改革的理论基础

新中国文字改革与近代文字改革有着紧密的联系，特别是20世纪三四十年代中国共产党领导和支持的拉丁化新文字运动对新中国文字改革产生了较大的历史影响。在新民主主义革命时期，中国共产党和左翼知识分子的文字改革思想与他们的阶级革命理论之间存在着密切的互动关联。瞿秋白就是这方面的代表人物，他曾从多方面分析了汉字在普及教育、革命大众化和汉语现代化方面所存在的诸多障碍。苏联汉学家史萍青认为瞿秋白的汉字改革思想反映了他坚决捍卫中国语言和文字民主化的要求②。这个评价已经认识到，共产党人的文字改革思想与他们所从事的阶级革命事业之间存在着同构关系。随着20世纪二三十年代阶级革命的兴起，以瞿秋白、吴玉章为代表的中国共产党人在这一时期已将文字改革与阶级革命联系起来思考，提出了文字属于上层建筑、具有阶级性的主张。在共产党人和左翼知识分子的理论视野中，文字改革的合法性和原动力是以阶级革命理论为基础的。从理论渊源上来看，列宁的"文化革命"思想和苏联语言学家马尔提出的语言具有阶级性的理论对共产党人的文字改革思想有着直接的影响③。

直到1949年的时候，陆志韦仍认为汉字具有封建性，是封建统治阶级的文字，维护的是封建思想，"封建性的文字不容易记录那接近于老百姓的生活的思想"，用汉字来"拥护思想"，"思想就逃不出封建性的范

① 刘少奇：《中国共产党中央委员会向第八届全国代表大会第二次会议的工作报告》(1958年5月5日)，中共中央文献研究室编：《建国以来重要文献选编》(第11册)，中央文献出版社2011年版，第263—264页。

② 史萍青著，吴友根译，杜松寿校：《关于中国新文字历史的一章(1928—1931)》(上)，《语文建设》1962年第9期。

③ 有学者详细揭示了瞿秋白文字改革思想中的苏联因素，参见杨慧：《思想的行走：瞿秋白"文化革命"思想研究》，商务印书馆2012年版。

围"①。不过，随着斯大林的语言学思想传入中国之后，对汉字性质的评判发生了改变。1950年5至7月间，苏联《真理报》发起了对苏联语言学家马尔的批判，斯大林提出了语言文字不是上层建筑、没有阶级性的观点②。这一思想对中国的语文学界产生了巨大影响。绝大多数的文字改革者改变此前提出的文字具有阶级性的观点，转而强调文字具有全民性。吴玉章曾在1952年中国文字改革研究委员会成立大会上公开承认：我过去对文字改革有两方面的错误，其中一个错误就是认为"文字是社会上层建筑，并认为文字是有阶级性的。前年斯大林发表《论马克思主义在语言学中的问题》以后，我才认识到过去的意见是错误的"③。郑林曦也指出："过去不少人误认为汉字是封建阶级性的，大部分正是由于把这种阶级自外面加于文字工具的垄断，看成了文字本身的性质。"④吴玉章、郑林曦等的自我反思具有一定的代表性，很多文字改革者以语言无阶级性的理论作为指导思想，认为文字和语言的性质是相同的，文字作为记录语言的工具，本身也是无阶级性的，应该跟着语言而服务于全民。按照语言文字具有全民性的特点来看，汉字显然难以达到这样的要求，为此要进行改革。

近代以来，施加于汉字本身的改革主要有两种办法：一种是改良方法，就是简化汉字；另一种是根本方法，就是推行拼音文字以取代汉字。在文字改革者看来，不管是简化汉字还是推行拼音文字都是由文字发展的内部规律所决定的。

近代新文化运动时期，钱玄同所提出的汉字形体由繁至简的发展规律成为新中国汉字简化改革的重要理论来源⑤。新中国成立初期，叶恭绰、

　　① 陆志韦：《"五四"纪念再谈谈新文字》，杜子劲编：《一九四九年中国文字改革论文集》，大众书店1950年版，第6页。

　　② 斯大林：《论马克思主义在语言学中的问题》（李立三译），《人民日报》1950年7月11日，第5版；斯大林：《论语言学底几个问题：答克拉舍宁尼科娃同志》（齐望曙译，曹葆华校），《人民日报》1950年7月31日，第3版。

　　③ 吴玉章：《在中国文字改革研究委员会成立会上的讲话》，《中国语文》1952年创刊号，第5页。

　　④ 郑林曦：《中国文字为什么必须改革》，东方书店1953年版，第9页。

　　⑤ 钱玄同：《减省汉字笔画底提议》，《新青年》1920年第7卷第3期；钱玄同：《减省现行汉字的笔画案》，《国语月刊》1923年第1卷第7期。

曹伯韩、张世禄、吕叔湘等继承了这一理论并进一步加以阐发。他们指出，从甲骨文、金文到小篆，从隶书、草书到行书、楷书，在汉字体式发生变化的同时，虽然汉字结构也存在着繁化的现象，但就汉字字形的一般演变趋势看，还是趋向简化的。普通民众新造的写法，也都是向简化这条道路上走的。尽管古代上层统治阶级和文人雅士认为简化字不符合六书规范，不承认简化字的合法地位。但是，汉字简化是社会发展和民众要求所促成的必然趋势，这是不可抑制的①。可以说，实行汉字简化改革顺应了汉字形体由繁至简的发展规律，这是新中国初期推行汉字简化改革的主要理论基础。

当然，在文字改革者看来，简化汉字只不过是一种暂时的过渡办法，推行拼音文字才是解决中国文字问题最根本的方法。为了证明此种改革的必然性，语文研究者构建出一种线性的世界文字发展规律：文字的演变是经过表意、意音两阶段而达到纯粹的表音②。文字之所以要走向拼音化，是由文字的本质特点所决定的。因为文字是语言的记载工具，总要解决文字和语言之间的矛盾，"总要努力朝着完善的记录语言或完善的代表语言这一目标发展"③。以这样一种线性文字进化论来观照汉字的发展特点，就更能体现出汉字拼音化改革的合理性。魏建功、周祖谟、梁东汉、罗常培等就指出，汉字具有逐渐向标音转化的特点，这表现在汉字的形声、假借、转注的造字方法，都是拿声音作主体的。由此可见，汉字早就有了表音的要求和倾向，表音是汉字本身发展的必然趋势④。

陆宗达认为汉字现今仍停留在方块字的凝固阶段，没有真正实现拼音

---

① 叶恭绰：《汉字整理和汉字简化》，《人民日报》1955年6月1日，第2版；曹伯韩、张世禄、吕叔湘合著：《语言和文字》，《吕叔湘全集》(第6卷)，辽宁教育出版社2002年版，第63—66页。

② 曹伯韩、张世禄、吕叔湘合著：《语言和文字》，《吕叔湘全集》(第6卷)，辽宁教育出版社2002年版，第56—57、60页。

③ 高名凯：《关于文字改革》(1957年5月27日)，《高名凯语言学论文集》，商务印书馆1990年版，第500页。

④ 罗常培：《从汉字造字和标音的历史看汉语拼音方案的进步性》，《人民日报》1956年3月16日，第3版；王力、魏建功、周祖谟、梁东汉：《汉字改革的必要性和可能性》，《北京大学学报》(人文科学版)1956年第4期，第70—71页。

化，但这不是汉字本身的规律所决定的，恰恰是封建统治者根据自己的阶级利益，"把文字垄断成为阶级专政的工具，使它始终神秘化，和广大的劳动人民隔离"①，从而抑制住汉字拼音化发展的规律和要求。这一点也得到黎锦熙、魏建功等的认可。他们都强调，特权阶级为了独占文字，用各种方法阻止汉字走向简单化和拼音化②。以上观点都是以这种线性的文字进化论为逻辑起点，论证了汉字拼音化改革的必然性。按此理论逻辑，周有光当时就得出这样一种结论：任何一种语言，"如果它的文字是意音制度，迟早要发展成为拼音。这是落后让位于先进的规律，决不因为语言特点和社会习惯的不同而有例外"③。文字改革者认为掌握了语言文字的发展规律之后，就应该主动打破限制汉字发展的外在束缚。很显然，新民主主义革命的成功和人民当家作主的国家政权建立之后，阻碍汉字改革的社会制度已不复存在，接下来就要涉及汉字自身改革了。

语言虽不是上层建筑，不一定随社会制度的变化而变化，但却能反映社会现实的变化。语文研究者强调文字是反映现实和书写语言的工具，但是，由于汉字仍然是表意文字，难以准确反映语言词汇内容的变化，这就使得汉字与现代汉语之间产生了矛盾。黎锦熙观察到，在历届革命特别是在1949年新民主主义革命成功之后，汉语词汇"广泛地、复杂地、不断地反映各方面的行为和改变"，"反映工农商业、技术和科学等等发展上的需要和要求，无限地添加了新的，改进了旧的"；但是，汉字不是拼音制度，是原始的和笨重的文字工具，"实在无法充分地适应现代语言活动那样复杂、广泛的范围"④。唐兰也认为，汉字是可以为社会主义服务的，但"在社会主义建设的高度发展中，它是不够用"，例如"'铆钉'、'水泵'

---

① 陆宗达：《谈文字改革》，《文汇报》1957年10月31日，第2版。

② 黎锦熙：《论斯大林所论"马克思主义在语言学中的问题"在中国文字改革运动中的问题》（1950年），《文字改革论丛》，文字改革出版社1957年版，第117页；魏建功：《从汉字发展的情况看改革的条件》，《新建设》1952年第2期，第22—23页。

③ 周有光：《汉字改革概论》（修订本），文字改革出版社1964年版，第3页。(1958年秋季到1959年初春，周有光在北京大学中国语言文学系开设汉字改革课程，该书是课程讲稿的一部分。)

④ 黎锦熙：《论斯大林所论"马克思主义在语言学中的问题"在中国文字改革运动中的问题》（1950年），《文字改革论丛》，文字改革出版社1957年版，第121—122页。

之类的新字新词，以后将层出不穷。各地的方言土话，外来的翻译名词，都使得汉字很难适应这些新的发展"①。这些都说明了社会发展和词汇的新变化导致汉字难以适应汉语的发展。

汉语到底是单音节语还是复音节语，这是当时语文学界争论的一个焦点问题。文字改革者的基本观点是，古代汉语以单音节为主，汉字也是采取单音节的文字制度。但是，现代汉语的发展是呈多音节发展趋势的。郑林曦研究了白话文词汇统计数据，他认为无论就出现的个数和次数来说，现代汉语都是多音节词占优势②。因为汉字具有独立表意单音的性质，在书写上，大多数的汉字是可以用一个单字来表达一种概念，不必照顾口语而把复音节词的成分一个一个地写出来，但汉语多音节化的发展结果却迫切要求用拼音的形式将这种发展的成果固定起来，从而形成清晰明确的语言单位。这就使得汉字与汉语之间必然形成尖锐的矛盾③。从这个角度来看，汉字不适应汉语发展反映的实质是：表意单音的汉字与复音节化的汉语之间的矛盾日益突出。

正是基于以上汉字与汉语之间的矛盾分析，支持文字改革的人形成了这样的共识：现代汉语中的单音节词已经不占优势，而汉字是采取单音节的制度，已经不适合表达日益复音节化的现代汉语。文字是记载语言的工具，作为文字工具的汉字就像机器设备一样，"年代久了，起了锈，不灵活了，易'抛锚'；须得修理，或者应该换上一个1950式的新设计"④。汉字拼音化改革就是要顺应中国语文发展的特点，解决两者之间存在的矛盾，让汉字更好地适应汉语的发展。

新中国文字改革工作者是在继承和扬弃近代文字改革理论的基础上，

---

① 唐兰：《中国文字应该改革》，《人民日报》1957年9月27日，第7版。

② 郑林曦：《中国文字为什么必须走向拼音化》，中国语文杂志社编：《中国文字改革问题》，中华书局1954年修订版，第49页。

③ 郑林曦：《中国文字为什么必须走向拼音化》，中国语文杂志社编：《中国文字改革问题》，中华书局1954年修订版，第53页；张世禄：《汉字的改革和简化》，《文字改革》第35期，《光明日报》1955年7月6日，第3版。

④ 黎锦熙：《论斯大林所论"马克思主义在语言学中的问题"在中国文字改革运动中的问题》（1950年），《文字改革论丛》，文字改革出版社1957年版，第119页。

结合苏联语言学界的新理论，根据中国语言发展的现实变化，从语言的全民性、文字要适应语言的发展特性、文字由繁至简、由表意到表音的发展趋势角度论证了汉字改革的必然性，从而为新中国文字改革工作提供了理论支撑。

三、文字改革的决策过程

20世纪三四十年代拉丁化新文字运动之所以能够蔚然成势，主要得益于中国共产党和左翼知识分子的积极主张和社会推广。为了将新文字应用于社会教育，陕甘宁边区政府曾成立推广新文字的专门领导机构，并组织社会力量发动了群众性冬学运动，使得拉丁化新文字运动盛极一时。

1936年，毛泽东在接受美国记者斯诺访谈时曾对拉丁化新文字发表如下评论，他对汉字拉丁化充满了期待："为了加速扫盲工作，我们已经开始试行新文字——拉丁化。现在这种新文字已在我们的党校、红军大学、红军和《红色中华》日报的特刊采用。我们相信汉语拉丁化是用来消灭文盲的良好工具。汉字太难学了，就连最好的识字课本和简化教学法，也教不会人真正掌握有效和丰富的词汇。我们相信早晚有一天我们不得不废除所有的汉字，如果我们决心创造出一种群众能充分参加的新型社会文化的话。我们现在正在广泛使用拼音文字。要使我们能在这里呆上三四年，文盲问题将会得到基本解决。"[①]1940年初，毛泽东在陕甘宁边区文化协会第一次代表大会上的讲演中进一步阐述了文字改革与新民主主义文化的问题。他指出，新民主主义文化是为工农群众服务的，为了使革命文化和思想接近民众，"文字必须在一定条件下加以改革，言语必须接近民众"[②]。

---

①《附录三：与毛泽东谈话补遗》，埃德加·斯诺著，奚博铨译：《红色中华散记：1936—1945》，江苏人民出版社1991年版，第257—258页。《红色中华散记：1936—1945》原由1957年美国哈佛大学东亚研究中心出版，它是1936年斯诺到陕北革命根据地之后，多年来积累下来的采访记录，这些记录是《西行漫记》的重要补充。

② 毛泽东：《新民主主义的政治与新民主主义的文化》（1940年1月15日），《中国文化》创刊号，1940年2月15日，第24页。

这一时期毛泽东主要从新民主主义文化大众化角度支持语文改革，这一言论极大地推动陕甘宁边区文字改革工作。不过，由于战时恶劣的社会环境和客观条件的限制，到抗战末期，陕甘宁边区的拉丁化新文字运动逐渐停顿下来。陕甘宁边区推行的新文字冬学运动初步展现了新文字"学得快"的优势，这给新中国文字改革言论提供了经验支撑。由于主客观原因，这场新文字冬学运动被迫中断，但当事人大多认为这是当时经济和政治环境所造成的，并不是汉字拉丁化改革本身不可行①。

解放战争时期，党中央由于忙于战事，对拉丁化新文字工作没有作出明确指示，此后很多地方也就没能继续推进文字改革工作。1949年8月25日，吴玉章在向毛泽东请示文字改革工作的信函中就揭示了这样的历史事实："近两年来，新旧解放区热心新文字的同志都来信，要我向中央请求发一关于新文字的指示。他们说因为各地党政军负责同志虽都赞成新文字，但一进到实际行动时（如印刷读本及在校中教新文字等），他们就以没有中央指示，不敢允许，因此这工作就不能进行。"②这也可见当时很多人虽然支持文字改革工作，但都以中央没有指示为由，不敢私自在社会层面推广。

1949年中国共产党领导人民打败了国民党，掌握了国家政权，建立了新中国，这就为重启文字改革工作奠定了政治前提，文字改革工作者因此对文字改革的前途充满信心。陈望道曾这样描述道："过去六十多年来，进步的知识分子和觉醒了的劳动人民，一次又一次地提出文字改革的要求和文字改革的方案，可是都没有能够达到最后的成功"，而今天的情形完全不同了，"中国已经解放，实现了多少年来人民所希望的统一，劳动人

---

① 有关陕甘宁边区拉丁化新文字冬学运动推行经过和中断的原因可参看本书最后附录的内容，也可参见王元周：《抗日战争时期陕甘宁边区的新文字冬学运动》，《抗日战争研究》2009年第3期；王建华：《陕甘宁边区的新文字运动：以延安县冬学为中心》，《南京大学学报》（哲学、人文科学、社会科学版）2011年第3期。

② 程文、陈岳军编著：《吴玉章往来书信集》，重庆大学出版社1993年版，第186页。

民已经做了国家的主人，阻碍文字改革的政治原因已经除去了"①。事实上也的确如此，文字改革工作因党中央的高度重视而被纳入新中国国家建设事业中来。

1949年京津解放以后，各地文字改革工作者陆续汇聚北京，在吴玉章和黎锦熙等的发起、组织下准备成立一个全国性的中国语文改革协会。吴玉章先与徐特立、胡乔木等商谈此事，此后又向刘少奇和毛泽东请示文字改革的相关事宜。刘少奇指示："可以组织这一团体，但不要限于新文字，汉字简体字也应研究整理一下，以便大家应用，并告党外人士，我党中央对这一问题尚未考虑，党员所发表的意见均为个人意见。"②尽管在新中国成立之时，党中央对文字改革还没有明确指示，但就个人而言，中央主要领导同志是支持文字改革工作的。吴玉章根据毛泽东、刘少奇的指示，与黎锦熙及大学各方代表于1949年10月10日成立了中国文字改革协会。这个协会是纯粹的学术研究团体，其目的是系统地研究和试验文字改革的办法③。中国文字改革协会成立以后，很快就收到几百种新文字方案，足见各方对文字改革的热切关注。

在各方呼吁和敦请之下，毛泽东对文字改革虽没有提出明确的意见，

---

① 陈望道：《对文字改革提三点建议：在全国文字会议上的发言》，《中国语文》1955年第11期，第14页。

② 程文、陈岳军编著：《吴玉章往来书信集》，重庆大学出版社1993年版，第187页。

③ 1949年10月10日，中国文字改革协会正式成立，推选吴玉章为主席，黎锦熙、胡乔木为副主席，吴玉章、沈雁冰、胡乔木、胡愈之、郭沫若、马叙伦、范文澜、黎锦熙、魏建功等25人为常务理事。中国文字改革协会的目的是系统研究和试验文字改革的办法，主要工作是进行汉字改革、汉语和汉语统一问题的研究、少数民族语言文字的研究和汉字改革的宣传。(《吴玉章开幕词》，《人民日报》1949年10月11日，第2版；黎锦熙：《在中国文字改革协会成立大会上的讲话》，《人民日报》1949年10月25日，第5版；《文字改革》杂志编辑部编：《建国以来文字改革工作编年记事》，文字改革出版社1985年版，第7—8页。)

但这时他开始再一次关注文字改革的问题了①。就社会层面而言，此时支持和反对文字改革的人兼有。1949年10月11日，张元济曾到中南海毛泽东住所座谈，他向毛泽东进言：汉字是团结统一国家的利器，万万不可自毁。他反对将汉字改为罗马字母②。差不多同一时期，黎锦熙曾当面向毛泽东上呈《国语新文字论》一书，支持文字改革。毛泽东跟黎锦熙说道："我正要研究这个问题。"③毛泽东为了研究文字改革问题，曾嘱托胡乔木请语文研究专家提供相关资料。后教育部拟订资料提纲，委托吕叔湘、罗常培、黎锦熙、萧家霖等人分别加以整理和研究④。不过，这批资料是何内容，是否整理上交，目前尚无法加以确证。1949年12月至1950年2月，毛泽东第一次访问苏联期间，也曾和斯大林谈到语言和思维的问题。斯大林认为语言是表达思想的工具，是不带阶级性的。毛泽东赞同这一观点，同时他也承认了汉语汉字的难学⑤。

就外在影响因素来看，苏联、印度尼西亚、土耳其、越南、朝鲜、蒙古等国文字改革的历史让共产党人和文字改革工作者认识到，文字改革在

---

① 据苏联外交官、汉学家齐赫文斯基的回忆，在1949年6月的一次会谈中，齐赫文斯基曾请教毛泽东对于将中国文字拼音化作为扫除大量文盲的手段的前景持有什么看法时，毛泽东回答说："方块字是中华民族的伟大财富，是任何字母也无法取代的。"齐赫文斯基认为，此时毛泽东对于延安时期汉字拉丁化的尝试也是持否定态度的，因为毛泽东认为汉字一旦转换成字母，几千年中国文化的丰富特色将丧失殆尽。（参见谢·列·齐赫文斯基著，陈之骅等译：《我的一生与中国：30—90年代》，社会科学文献出版社1994年版，第60—61页。）2012年11月，河北电视台因拍摄纪录片《大转折：西柏坡1947—1949》专程赴莫斯科采访，该片总编导张军锋采访了94岁高龄的齐赫文斯基。齐赫文斯基在访谈中再次说到毛泽东和他见面时发表对于汉字拉丁化问题的看法："在延安就曾尝试汉字拉丁化，但我反对。为什么呢？因为中国五千年的历史是用方块字来表达的，我们不能放弃对丰富文化的继承。"（参见张军锋：《见证新中国的诞生：苏联外交官齐赫文斯基访谈录》，《党的文献》2013年第5期，第105页。）这是笔者所见毛泽东仅有的一次对汉字拉丁化表达否定意见的记录，如果齐赫文斯基所回忆的内容真实可信的话，也可以说明毛泽东在新中国前后关于汉字拉丁化的看法有一个变化的过程。

② 张元济：《张元济全集·日记》第7卷，商务印书馆2008年版，第403—404页。

③《1913—1956年与毛主席通信、见面纪略》，黎泽渝：《1915—1920年黎锦熙日记中有关毛泽东的记录摘抄》，《党的文献》1999年第3期，第79页。

④ 叶至善整理：《叶圣陶日记》（中），商务印书馆2018年版，第1188、1201页。

⑤ 费德林：《在和斯大林会谈的日子里》，张静如主编：《毛泽东研究全书（家世编·海外编）》（第6卷），长春出版社1997年版，第5762页。

各民族的历史上并不是个别的现象，并且是完全可能的。特别是越南、朝鲜、日本这些曾经使用过汉字的国家都进行了文字改革，这使得中国的文字改革工作者更加确信"语言和它正使用着的书写记号之间并没有先天的固定的关系"[1]。越南、朝鲜等国推行拼音文字在扫盲方面所取得的出色成绩也给新中国的文字改革工作者莫大的鼓舞。越南两千年来一直使用着汉字和与汉字同一体系的喃字。在法国殖民者统治时代，越南文盲占总人口的95%。越南民主共和国成立之后，利用越南语拟制的拉丁化拼音文字进行扫盲，从1945年9月到1952年底，扫除文盲约1400万人，而当时越南的总人口约为2200万[2]。鉴于中国周边国家文字改革工作的成绩和经验，郭沫若作文呼吁道："越南、朝鲜和日本，都走在我们的前头去了。我们恐怕是应该下定决心，用尽千方百计，迎头赶上的吧。"[3]

实际上，中共中央也注意到中国周边国家的文字改革。1950年2月，刘少奇曾写信嘱托陆定一和胡乔木等加紧研究蒙古、朝鲜和越南的文字改革经验，"我们的文字研究者应即研究他们的字母及文字改革经验，为此，并可派学生或研究工作者去这些国家学习，以便为我们的文字改革制订方案"[4]。1955年，为了调查朝鲜文字改革的情况，遵照周总理的指示，全国文字改革委员会委派韦悫等人去朝鲜考察。1956年准备派出两个调查组到越南和日本，以了解越南和日本文字改革的情况，供我国文字改革工作参考[5]。当时支持文字改革的知识分子和参与实际工作的文字改革工作者介绍和收集了苏联、越南、朝鲜、日本、土耳其、蒙古等国文字改革经验的文献资料，这也说明新中国文字改革参考了世界各国文字拼音化改革的经

① 拓牧：《文字和语言》，《文字改革》第20期，《光明日报》1954年12月8日，第3版。

② 陈越：《从越南的扫盲、出版工作看我国文字改革的必要和可能》，《文化技术的发展和中国文字改革问题》，东方书店1955年版，第206、209、217页。

③ 郭沫若：《日本的汉字改革和文字机械化》，《人民日报》1964年5月3日，第5版。

④ 刘少奇：《关于学习朝鲜越南等国文字改革工作经验给陆定一等的信》（1950年2月1日），中共中央文献研究室、中央档案馆编：《建国以来刘少奇文稿》（第1册），中央文献出版社2005年版，第441页。

⑤ 《关于全国文字改革会议的情况和目前文字改革工作的请示报告》（1955年11月23日），中共中央文献研究室编：《建国以来重要文献选编》（第8册），中央文献出版社2011年版，第87页。

验[1]。从这些言论和实际行动中可以看出：中国周边国家推行拼音文字改革引起了党中央的重视，这对中国的文字改革工作产生了实际的示范影响。

毫无疑问，新中国的文字改革需要符合本国实际。经过一段时间的考虑，1950 年 6 月，毛泽东同吴玉章说，他主张首先进行汉字的简化，搞文字改革不要脱离实际[2]。1950 年 7 月 10 日，吴玉章在中国文字改革协会干部会议上传达了毛泽东同志的指示，文字改革应首先办"简体字"，不能脱离历史，割断历史[3]。在 1951 年之前，毛泽东对文字改革还是持比较谨慎的态度，要求首先进行汉字简化工作。大概在 1951 年下半年，毛泽东认可了文字改革者共同提出的汉字拼音化主张，并向主持文字改革工作的马叙伦、吴玉章等传达了他对文字改革的重要指示："文字必须改革，要走世界文字共同的拼音方向；形式应该是民族的，字母和方案要根据现有汉字来制定"；其次，"鉴于汉字书写困难"，"必须加以整理简化"[4]。1952年 2 月，马叙伦和吴玉章在中国文字改革研究委员会成立大会上，正式向与会者传达了毛主席关于文字改革的相关指示。

从以上史实来看，基于新中国教育文化建设的需要和其他文字改革工作者的意见，毛泽东关于文字改革的决策有一个构思过程。在新中国成立前，毛泽东对文字改革工作还没有形成明确的指导意见，只是让文字改革工作者进行商讨；直到 1951 年下半年，在征询各方意见之后，才有了较为确切的改革思路。毛泽东首先提出了较为谨慎的简化汉字的主张，然后才作出了"文字必须改革，要走世界文字共同的拼音方向"这一重大指示。随着民主革命的完成和新中国工业化建设的启动，推进扫除文盲和普及教

---

① 相关资料可参见周有光：《十月革命和文字改革》，《文字改革》1957 年第 11 期；中国文字改革委员会第一研究室编：《外国文字改革经验介绍》，文字改革出版社 1957 年版；陈青今编译：《日本文字改革史料选辑》，文字改革出版社 1957 年版。

② 吴玉章：《在中国文字改革研究委员会成立会上的讲话》（1952 年 2 月 5 日），《中国语文》1952 年创刊号，第 5 页。

③《文字改革》杂志编辑部编：《建国以来文字改革工作编年记事》，文字改革出版社 1985 年版，第 12 页。

④ 马叙伦：《中国文字改革研究委员会成立会开会辞》（1952 年 2 月 5 日），《中国语文》1952 年创刊号，第 4 页。

育的工作就更为紧迫，毛泽东关于文字改革的整体思路进一步清晰。1953
年5月18日晚上，中共中央政治局召开会议讨论文化教育工作。在谈到文
字改革问题时，毛泽东说："第一个五年计划期间，要搞出简体字来，简
体字可以创造。同时要研究注音字母，它有长期历史。将来拼音，要从汉
字注音字母中搞出字母来。文字改革，第一步用简体字，注音字母，第二
步拼音化。"①这个指示虽是以毛泽东个人名义作出的，但也代表了中共中
央的意见。就在毛泽东思考文字改革方向和步骤的过程中，秉承周恩来的
指示，教育部成立了中国文字改革研究委员会来研究和贯彻毛泽东的文字
改革指示，主要承担汉字简化方案、汉语拼音方案和普通话等方面的研究
和推动工作②。

　　正是由于党中央给文字改革明确了改革方向，确定了改革原则和步骤，
成立了相关研究和推行组织，这才为文字改革扫除了障碍，创造了前提。
正如郑林曦所评价的那样："大家试翻查一下文字改革运动的历史，看看卢
戆章、王照、劳乃宣等在请求当时的政府推行拼音方案时候受到多少批驳、
积压、阻难和打击；再看看后来设立的国语统一筹备会等的不死不活的命
运，就会体味到由国家专设机关来实行文字改革有多么重大的意义！正因
为是共产党领导下的人民政权，它才真正肯替中国人民办这件大事。"③可
以说，新中国成立之初，文字改革之所以能够提上日程并进入实质性研究
和推行阶段，最为重要的政治条件就是得到了党和政府的大力支持。

---

① 中共中央党史和文献研究院编：《毛泽东年谱》（第5卷），中央文献出版社2023年版，第98页。

② 1952年2月，中国文字改革研究委员会正式成立，马叙伦为主任委员，吴玉章为副主任，委员
包括丁西林、林汉达、季羡林、胡乔木、韦悫、陆志韦、叶恭绰、魏建功、黎锦熙、罗常培等，下设拼音方
案组、汉字整理组、教学试验组、编辑出版组、秘书组等。中国文字改革委员会于1954年12月正式成
立，由此前的中国文字改革研究委员会改组而来，是直属于国务院的文化机构。国务院任命吴玉章为
主任委员，丁西林、王力、朱学范、邵力子、吕叔湘、季羡林、林汉达、胡乔木、胡愈之、马叙伦、韦悫、陆
志韦、叶恭绰、叶圣陶、叶籁士、赵平生、董纯才、黎锦熙、聂绀弩、魏建功、罗常培等23人为委员。中国
文字改革委员会的成立，不仅仅是名称的改变，而是机构性质的改变。过去基本上是研究机构，现在
不仅仅要做研究工作，还要根据政府的指示，采取切实可行的步骤来开展各种文字改革的具体工作。
（《文字改革》杂志编辑部编：《建国以来文字改革工作编年记事》，文字改革出版社1985年版，第21—
54页。）

③ 郑林曦：《八年来文字改革工作的成就》，《文字改革》1957年第10期，第32页。

第二章　汉字简化改革

自甲骨文产生之后，某些汉字在繁体之外，也有简体的存在。到唐宋以后，民间存在的简体字逐渐增多。不过，由知识分子主动搜集、整理简体字，以至寻求国家层面的合法性的文字改革运动，还要到清末民初。近代简体字运动与汉字拼音化运动相伴而生，其初衷主要是普及民众教育，挽救民族危亡。不过，由于南京国民政府高层政治人物和民间文化保守势力的反对以及上海出版界的抵制，这场改革因诸多因素的制约而流产[①]。新中国成立之后，在党和政府的支持下，文字改革工作者将近代以来知识分子所倡导的文字改革理论不同程度地付诸实践，汉字简化改革也因此得以成功实施。

一、拼音化视野中的汉字简化

新中国的文字改革理论继承了近代汉字落后论的思想遗产，以吴玉章、黎锦熙作为代表的文字改革者基本达成了这样的共识：建设新中国需要一个最基本的条件就是要扫除文盲、提高民众识字率，以便人民学习先进的文化。但与拼音文字相比，表意汉字难认难写难记，已经成为新中国教育普及和文化发展的严重阻碍。为了使汉字便于人民学习，必须改革中

[①] 崔明海：《文字与国家：近代简体字运动的兴起及其社会纷争》，《史学集刊》2010年第6期；许静波：《技术与成本之困：1935年汉字改革运动中的上海出版界》，《中国出版史研究》2019年第1期。

国文字，"走拼音文字的道路"。至于文字改革的方案、步骤如何拟制和确定，还有待文字改革者、语文专家和党中央进一步商议和研讨①。新中国成立之前的一段时期，中共中央忙于军政大计，没有对文字改革工作作出明确指示。北平解放之后，大量的知识分子陆续到达此地，商讨国家大事。这时关心文字改革的人士不断增多，1949年"五四"纪念期间，吴玉章向刘少奇请示文字改革工作。刘少奇提出了他个人对文字改革的意见：文字改革工作者可以组织学术团体研究文字改革问题，"但不要限于新文字，汉字简体字也应研究整理一下，以便大家应用"②。可以说，刘少奇是党内较早提出研究整理简体字的领导人。1949年8月，根据刘少奇的指示和其他文字改革者的意见，吴玉章拟制了中国文字改革协进会的研究原则和方针，并就此向毛泽东请示。在请示信中，吴玉章认为当前文字改革工作除了研究拉丁化拼音文字方案之外，还需要"整理各种汉字的简体字，作为目前通俗读本之用"，"至于大报纸和重要书籍文件，仍照旧用繁体汉字"③。毛泽东对吴玉章的提议并没有表明态度，他将此信转交给郭沫若、马叙伦和茅盾三人审阅④，并希望他们给出集体意见。郭、马、茅三人认可了吴玉章的主张。他们在回信中指出，中国要推行拼音文字，过程一定漫长，需要有目的、有计划地研究和提倡。他们非常同意现在整理简体字，还主张以科学的方法统计常用字，"将此等日常用字之笔画繁多者加以简化，并制成定式，作为目前通俗读本之用"，或者"编成新的千字课，专为扫除文盲之用"。另外，可请"专家们研究将此等日常用字之草体订成定式，与简体并行，这对于缩短书写时间，也有好处"。至于吴

① 柏生：《全国文代大会筹委会端阳欢迎各地代表 在平语文学家座谈改革文字》，《人民日报》1949年6月2日，第1版；《文字改革协会发起人会召开第四次会议》，《人民日报》1949年9月7日，第2版。

②《吴玉章关于中国文字改革致毛泽东信》(1949年8月25日)，程文、陈岳军编：《吴玉章往来书信集》，重庆大学出版社1993年版，第187页。

③《吴玉章关于中国文字改革致毛泽东信》(1949年8月25日)，程文、陈岳军编：《吴玉章往来书信集》，重庆大学出版社1993年版，第188页。

④ 郭沫若时任中央人民政府委员、中国科学院院长，马叙伦时任中央人民政府委员、中华人民共和国教育部部长，沈雁冰(茅盾)时任中华人民共和国文化部部长。

玉章在请示信中提议在一些地方试行拉丁化新文字，郭沫若等认为此时条件尚未成熟，不宜着急推行此项工作。如果能将常用字简化，同样有助于较快地扫除文盲①。这里需要注意的是，刘少奇、吴玉章、郭沫若等提出整理简体字（统计常用字、简化笔画、拟制草体手写定式）的计划，其初始目的是识字扫盲，普及民众教育，还没有上升到以简体字取代繁体字，将其作为社会通用的"正体字"的国家政策层面。

1949 年 10 月 10 日，由吴玉章、郭沫若、马叙伦、沈雁冰、胡乔木等领衔，20 多位文字改革工作者和语文研究者、教育者组成的"中国文字改革协会"正式成立。根据吴玉章、郭沫若等的意见，该协会主要理事一致同意"把研究拼音文字作为主要任务"，但为了应付目前的需要，也把促成"汉字的简单化和标音化"②作为另一项重要任务。这时因为党中央对文字改革工作并没有明确的指示，文字改革工作者只能依据形势推断"目前政府可以接受的办法大概是汉字简化"③。就社会的心理和客观条件而言，这一推断也是符合当时的实情，推行汉字拼音化很难获得大部分人的认可。

在各方呼吁和请示之下，毛泽东此时亦开始考虑文字改革的问题。经过征询各方意见和深度思考之后，1950 年 6 月，毛泽东同吴玉章说，他主张首先进行汉字的简化，搞文字改革不要脱离实际④。1950 年 7 月 10 日，吴玉章在中国文字改革协会干部会议上传达了这一指示：文字改革应首先办"简体字"，不能脱离历史，割断历史⑤。再者，毛泽东也接受了郭沫若等的意见，提出"鉴于汉字书写困难"，"印刷体当用楷书，手写体可用草

---

① 以上所引均参见：《郭沫若、马叙伦、沈雁冰复毛泽东信》（1949 年 8 月 28 日），程文、陈岳军编：《吴玉章往来书信集》，重庆大学出版社 1993 年版，第 191 页。

② 新华社：《中国文字改革协会主要任务研究拼音文字 协会首次理事会一致同意并选吴玉章等为常务理事》，《人民日报》1949 年 10 月 21 日，第 4 版。

③《请解答新语文诸问题（两封信）》，《新语文》第 17 期，《光明日报》1950 年 8 月 13 日，第 7 版。

④ 吴玉章：《在中国文字改革研究委员会成立会上的讲话》（1952 年 2 月 5 日），《中国语文》1952 年创刊号，第 5 页。

⑤《文字改革》杂志编辑部编：《建国以来文字改革工作编年记事》，文字改革出版社 1985 年版，第 12 页。

书"①。这也可见，毛泽东对文字改革还是持比较谨慎的态度，首先要求进行汉字简化工作。

这一时期共产党人和文字改革者所提倡的汉字简化并不是全新的文字改革思想。毛泽东、刘少奇、吴玉章和郭沫若等之所以认同汉字简化主张，一是因为汉字有悠久的历史和深厚的社会基础，而拼音文字方案仍有诸多问题有待解决，比如声调问题、字母形式问题、标准语问题、同音词问题一直争论未决，民众是否接受拼音化文字亦未可知，当时在中国推行拼音文字并不具备现实性；二是新中国建设需要尽早扫除大量的文盲。尽管繁体字也可以用来扫盲，用来学习文化，但新中国刚刚建立，"处在工业化的时代，脑力和时间都非常宝贵，不应该有丝毫浪费。而且为了提高劳动人民的文化水平，更必须考虑到劳动人民生产工作忙，没有多余的学习时间"②。所以，文字改革者基于追求工作效率的考量，认为实行汉字简化改革在当前是"迫切需要的"③。尽管文字改革者认为简体字并不能从根本上解决汉字本身存在的弊端，但他们也深知推行拼音文字不是一时能实现的，即使未来能推行拼音文字，汉字也仍然要使用。在这种情况下，汉字简化改革就成为一种退而求其次的办法，简化汉字"虽然不是根本改革，却可以大大减少学习和使用汉字的困难，并且节省在使用文字时所需要的劳动力"④。所以说，这种渐进性的文字改革战略是汉字拼音化改革思想与新中国社会现实相互影响下的产物。

提倡整理和采用简体字，并不表明毛泽东反对汉字拼音化的主张。在1951年下半年，毛泽东认可了众多文字改革者提出的汉字拼音化的主张，

① 马叙伦：《中国文字改革研究委员会成立会开会辞》（1952年2月5日），《中国语文》1952年创刊号，第4页。

② 叶恭绰：《关于汉字简化工作的报告》（1955年10月15日），全国文字改革会议秘书处编：《全国文字改革会议文件汇编》，文字改革出版社1957年版，第21页。

③ 曹伯韩：《要采用简体字来排印书报》，《文字改革》第1期，《光明日报》1954年3月17日，第3版。

④ 吴玉章：《文字必须在一定条件下加以改革：在全国文字改革会议上的报告》，《人民日报》1955年10月24日，第3版。

作出了"文字必须改革，要走世界文字共同的拼音方向"①的重要指示。
1952年2月，马叙伦和吴玉章在中国文字改革研究委员会成立大会上，正
式向与会者传达了整理简体字，同时研究汉字拼音化方案的重要指示。
1953年5月18日，在当天晚上举行的中共中央政治局会议上，毛泽东又较
为详细地表达了他对文字改革工作的意见："第一个五年计划期间，要搞
出简体字来，简体字可以创造。同时研究注音字母，它有长期历史。将来
拼音，要从汉字注音字母中搞出字母来。文字改革，第一步用简体字，注
音字母，第二步拼音化。"②毛泽东这一意见体现出文字改革渐进性的一
面，同时，他将简化汉字改革的时间期限与发展国民经济第一个五年计划
相联系，既说明当时的文字改革服务于社会主义国家建设的需要，又强调
了文字改革的紧迫性。差不多半年之后，由胡乔木任主任，董必武、徐特
立、吴玉章、谢觉哉、胡绳、范文澜等十余人组成的中央文字问题委员会
向中共中央提出文字改革的四步办法，第一步是推行简体字，第二步是统
一异体字，第三步是确定常用字，第四步是将极少数汉字改用拼音字母，
集合人力解决字母问题③。1955年，毛泽东在给他的同学蒋竹如的回信中
也说："拼音文字是较便利的一种文字形式。汉字太繁难，目前只作简化
改革，将来总有一天要作根本改革的。"④从这点也可以看出毛泽东当时对
拼音文字的期待。毛泽东和中央文字问题委员会都以汉字拼音化作为文字
改革的最后目标，但把简体字放在文字改革的第一步，这也可见汉字简化
改革在中央政府文字改革战略中的重要性和迫切性，后来的文字改革工作

① 马叙伦：《中国文字改革研究委员会成立会开会辞》（1952年2月5日），《中国语文》1952年创刊号，第4页。
② 中共中央党史和文献研究院编：《毛泽东年谱》（第5卷），中央文献出版社2023年版，第98页。
③ 由于党中央对文字改革问题极为重视，1953年10月1日，中共中央委员会成立中央文字问题委员会，任命胡乔木为主任，范文澜为副主任，委员有董、徐、吴、谢四老和成仿吾、胡绳等十余人。该委员会负责对文字改革工作的指导，协调不同意见，研讨工作上的重大原则和实施步骤，向党中央提供切实可行的建议，其中一个要解决的问题就是要集合人力以解决字母问题。（参见费锦昌主编：《中国语文现代化百年记事》，语文出版社1997年版，第178—179页；郑林曦：《记党的"中央文字问题委员会"》，《人民日报》1981年7月13日，第8版。）
④ 毛泽东：《给蒋竹如的信》（1955年5月1日），中共中央党史和文献研究院编：《建国以来毛泽东文稿》（第9册），中央文献出版社2023年版，第440页。

基本上也是按照这个意见来推进的。

二、汉字简化方案的制订及其出台

1950年初，毛泽东对汉字简化工作作出相关指示之后，政府方面也有了积极回应。首先是中央人民政府教育部邀请在京的30多位语文研究专家座谈文字改革问题①，紧接着教育部社会教育司组织成立了简体字研究组专门商讨汉字简化问题。这个简体字研究组通过商议草拟了简体字的选定原则：以最常用的汉字为限，整理选定已经通行的简体字，必要时根据已有简体字的简化规律，加以适当的补充②。1950年9月，教育部社会教育司编成《常用汉字登记表》，为1017个常用汉字选定了简体。这次选定简体字的主要来源有：民间通用的简体字；较为流行的"解放字"；前北平研究院字体研究会拟制的《简体字表》；北京师范大学大辞典编纂处拟订的简体字；容庚的《简体字典》；陈光尧拟选的简体字③。

汉字简化工作启动之初，各方关于如何进行简化汉字的意见并不一致。

当时一些社会团体和语文工作者对《常用汉字登记表》的选定原则提出了质疑：选定简体字应该遵照约定俗成的原则，但《常用汉字登记表》中选定的部分简体字来自各家自创，缺乏群众基础，不易通行；草书楷化的简体字虽然能加快字体书写速度，但字形差别微小，不利于初学者的识读和书写，只可少量采用楷化草书的简体字④。胡乔木认为应该发动宣传运动，促使社会各界注意文字改革工作。毛泽东虽然支持文字改革工作，

---

① 《文字改革》杂志编辑部编：《建国以来文字改革工作编年记事》，文字改革出版社1985年版，第12—13页；费锦昌主编：《中国语文现代化百年记事》，语文出版社1997年版，第133页。

② 《文字改革》杂志编辑部编：《建国以来文字改革工作编年记事》，文字改革出版社1985年版，第13—14页。

③ 《当代中国的文字改革》编辑委员会编：《当代中国的文字改革》，当代中国出版社、香港祖国出版社2009年版，第111页。

④ 《当代中国的文字改革》编辑委员会编：《当代中国的文字改革》，当代中国出版社、香港祖国出版社2009年版，第111—112页；《文字改革》杂志编辑部编：《建国以来文字改革工作编年记事》，文字改革出版社1985年版，第16页。

但对如何简化汉字也没有提出明确意见，希望阅读相关资料，拟加考虑。供毛泽东参阅的文字改革资料，教育部嘱托吕叔湘、罗常培、黎锦熙和萧家霖等加以研究、提供。胡乔木和毛泽东倾向多造简体汉字，不过，叶圣陶和魏建功"皆不甚赞同"此种意见。支持文字改革工作的叶圣陶和魏建功对教育部所编制的简体字表改动字体太多也颇有不满，他们认为"简体字仅便于书写，本体仍须认识，否则但识简体者即被摒弃于种种现成书籍之外"，所以"简体字仅能取已有者而挑选之，不必另行创造，每字必简"①。根据这些意见，教育部社会教育司决定依据"述而不作"的原则重新选定550个简体字，编成第一批简体字表初稿。

1951年10月，按照周恩来的指示，中央人民政府教育部把文字改革工作从社会教育司中分出，在文化教育委员会下设立中国文字改革研究委员会，负责文字改革的研究工作②。1952年3月25日，中国文字改革研究委员会汉字整理组召开第一次会议，出席会议的专家学者有魏建功、黎锦熙、季羡林、林汉达、叶恭绰、曹伯韩、郑之东、易熙吾等。与会者讨论了汉字简化的原则和要求。林汉达转达了马叙伦的意见：汉字大部分是形声字，最好能有规律地简化，简化后最好保留形符，声符也应该和原有符号读音相同。不过，与会者对此意见分歧较大。魏建功、黎锦熙也主张有规律地进行汉字简化，但叶恭绰认为"汉字本身规律不严，简化后更难寻，应以大众易认易读为主"③。尽管委员们对汉字简化的原则没有达成共识，但会议决定仍以此前编选的第一批550个简体字表初稿为底本，继续研讨简体字编选工作。

1952年5月16日，中国文字改革研究委员会汉字整理组召开第二次会议讨论汉字简化问题。经过与会者的讨论，确定了制订简体字表的主要原则："已有通行简体的字，以述而不作、不另造简体为原则，但无通行简

---

① 叶至善整理：《叶圣陶日记》(中)，商务印书馆2018年版，第1186、1188、1201页。
② 《文字改革》杂志编辑部编：《建国以来文字改革工作编年记事》，文字改革出版社1985年版，第24—25页；中共四川省委党史研究室编：《吴玉章年谱》，四川人民出版社1998年版，第386页。
③ 《文字改革》杂志编辑部编：《建国以来文字改革工作编年记事》，文字改革出版社1985年版，第29页；费锦昌主编：《中国语文现代化百年记事》，语文出版社1997年版，第157页。

体而笔画较多的较常用字，不妨另找简体"；简体字"以印刷体为准，构造宜注意与手写体相近，偏旁简化可以类推"①。这个原则坚持了"约定俗成，述而不作"的原则和精神，第一次提出了"偏旁可以类推"的做法。根据以上简化原则，汉字整理组以2000个常用字为限定范围，初步确定了第一批500个简体字的草稿。此后，中国文字改革研究委员会汉字整理组又多次召开会议，增选拟订出700字的《常用汉字简化表草案》（第一稿）②。

1952年底，第一稿简体字表草案送交毛泽东审阅。毛泽东对汉字简化提出了两点意见（由胡乔木转达）：一是汉字笔画要尽量有规律地简化。700个简体字仍然不够简，"有些字与原字只差一两笔，有些字笔划仍多，笔划形状仍不顺利，写起来别扭"；原来民间的简体字并没有规律，"作简体字可以更多利用草体"，"可以把一些草体字规律化，作为基本形体，类似日本的片假名。写的基本形体数目少，规律化，学习书写起来就方便"。二是必须缩减汉字的数量，可以利用假借的方法来代替同音汉字。只有笔画和数量都缩减了，才能称之为汉字简化③。毛泽东也希望有规律的简化汉字，真正做到笔画简单，不仅减少数量，还要便于书写④。此前中国文字改革研究委员会编选简体字基本上遵循了"约定俗成、述而不作"的原则，但依据毛泽东的意见，为了让汉字简化做到简单而又规律，有的简体字还得需要重新再造，这就意味着可以打破"述而不作"的原则。

可以说，毛泽东的意见为当时的汉字简化工作解除了一些顾虑，后来

①《文字改革》杂志编辑部编：《建国以来文字改革工作编年记事》，文字改革出版社1985年版，第30—31页；费锦昌主编：《中国语文现代化百年记事》，语文出版社1997年版，第160页。

②《文字改革》杂志编辑部编：《建国以来文字改革工作编年记事》，文字改革出版社1985年版，第34—35、58页。

③ 关于毛泽东对第一稿《简体字表草案》的意见可参见《文字改革》杂志编辑部编：《建国以来文字改革工作编年记事》，文字改革出版社1985年版，第38页；《给马叙伦的信》（1953年5月22日），中共中央党史和文献研究院编：《建国以来毛泽东文稿》（第8册），中央文献出版社2023年版，第289—290页第4条注释部分；《对文字改革工作的指示及一些问题的回答》（传达记录，1953年1月26日），《毛泽东思想万岁》（1949.10—1957.12），编印者不详，1968年，第27—28页。

④《中国文字改革研究委员会第三次全体会议的讨论记录摘要》，《中国语文》1953年第6期，第34页。

的汉字简化工作也因此作了相应的调整和变化。根据毛泽东的意见，中国文字改革研究委员会汉字整理组制订了新汉字整理工作，包括汉字字形简化和字数精简两个部分，简化字形采用的办法除了采用已有的简体字之外，还研究草书规律，拟制草化简体字；精简字数主要采用了同音代用和删除的办法，但整理组委员们也提出同音代替字不要太多的要求①。与此同时，中央宣传部也对汉字整理工作给出意见：简化字形，整理通行简字的偏旁，偏旁可以类推；统一异体字，以简字为正体②。因为精简汉字字数一时难以做出结果，汉字整理组只能先在《常用汉字简化表草案》（第一稿）700个简体字中选定338个已经通用的简体字；在统一异体字方面，拟定了《异体字统一写法表草稿》，这就形成了《常用汉字简化表草案》（第二稿）③。

经中共中央文字问题委员会的审阅，对《常用汉字简化表草案》（第二稿）给出的意见是，"只简化338个字太少，要求根据行草书和简体字的偏旁及其他部分，采取类推方法简化"。汉字整理组依照这个意见，采用简化偏旁、类推简化兼采行草写法的办法，进一步扩大简体字的数量，于1954年2月拟制了《常用汉字简化表草案》（第三稿）（收入1634个简体字）④。中国文字改革研究委员会将此稿分送北京的出版、教育和新闻等相关部门50多位负责同志征求意见，各方对此稿提出了不同意见：一是采用偏旁类推简化，需要改动1600多个简体字铜模，数量过大，依照当时的技术条件，在短时间内刻制这么多的铜模是难以实现的；二是"草书笔画增加了汉字的结构单位，打乱了原来的部首系统"，这就使得按原来部首、笔画编排的索引、字典都不能继续使用，初学者也不易掌握草书笔

① 《文字改革》杂志编辑部编：《建国以来文字改革工作编年记事》，文字改革出版社1985年版，第43页；费锦昌主编：《中国语文现代化百年记事》，语文出版社1997年版，第172页。
② 《文字改革》杂志编辑部编：《建国以来文字改革工作编年记事》，文字改革出版社1985年版，第45页。
③ 《文字改革》杂志编辑部编：《建国以来文字改革工作编年记事》，文字改革出版社1985年版，第58页。
④ 《当代中国的文字改革》编辑委员会编：《当代中国的文字改革》，当代中国出版社、香港祖国出版社2009年版，第113页。

画①。根据这些意见，汉字整理组又对《常用汉字简化表草案》（第三稿）加以修改，将已经整理过的简体字作为印刷体，将大部分根据行、草书笔画简化出来的字作为书写体，补充简化了一些笔画繁杂而未简化的常用字，于1954年6月编制成《常用汉字简化表草案》（第四稿）②。

　　1954年7月，汉字整理组第12次会议通过《常用汉字简化表草案》（第四稿），由叶恭绰、林汉达和曹伯韩整理后提交中国文字改革研究委员会第四次全体委员会议讨论并得到同意。会议授权韦悫、叶恭绰、丁西林、叶圣陶、魏建功、林汉达、曹伯韩组成汉字整理七人小组，按照"以现有简体字和行草书为基础，对印刷、手写二体合并处理。异体字基本上以同音同义为范围，选定一个简单"的工作原则对4120多个常用汉字进行整理，制作成《印刷字体整理表》《试拟书写字体偏旁类推表》和《异体字统一写法表》，这就是《常用汉字简化表草案》（第五稿）③。1954年10月，吴玉章向中央呈报《关于整理汉字的报告》，报告概述了汉字整理和简化的原则、步骤和过程，《常用汉字简化表草案》（第五稿）作为报告附件也被一并报送中央④。1954年11月至1955年1月，中国文字改革委员会改组成立后，又对第五稿作了一些整理和修改。《印刷字体整理表》经过整理修改后合并成为《798个汉字简化表草案》，这个表规定了798个繁体字的简体形式。《异体字写法统一表》经过修正改称为《拟废除的400个异体字表草案》，废除异体字，其目的在于简化字数。《试拟书写字体偏旁类推表》改称为《汉字偏旁手写简化表草案》，这个表酌量采用行书、草书写法，规定

①《当代中国的文字改革》编辑委员会编：《当代中国的文字改革》，当代中国出版社、香港祖国出版社2009年版，第113页。

②《文字改革》杂志编辑部编：《建国以来文字改革工作编年记事》，文字改革出版社1985年版，第49页；韦悫：《略谈汉字简化工作》（1955年10月），中国语文杂志社编：《简化汉字问题》，中华书局1956年版，第9页。

③《文字改革》杂志编辑部编：《建国以来文字改革工作编年记事》，文字改革出版社1985年版，第50、59页；《当代中国的文字改革》编辑委员会编：《当代中国的文字改革》，当代中国出版社、香港祖国出版社2009年版，第113—114页。

④《文字改革》杂志编辑部编：《建国以来文字改革工作编年记事》，文字改革出版社1985年，第52页；《当代中国的文字改革》编辑委员会编：《当代中国的文字改革》，当代中国出版社、香港祖国出版社2009年版，第114页。

了汉字偏旁的简化写法。这三个表合称为《汉字简化方案草案》①。

1954年11月4日，中共中央将中国文字改革委员会呈报的《关于整理汉字的报告》转发各地党政机关，并发出《关于讨论汉字简化方案的指示》。《指示》要求，各地党政负责人（特别是文教负责人）要仔细阅读报告，待汉字简化方案草案公布和试用之后，各省市教育厅、局要将草案分发给各级学校语文教师和其他有关的社会人士阅读，有重点地召集座谈会，请相关人士阅读和座谈后对草案提出个人意见和集体意见，再将意见寄送各省市教育厅、局，由各地教育厅、局将意见整理之后汇交中国文字改革研究委员会②。中共中央提前发出这个指示，为后来《汉字简化方案草案》向社会征集意见提供了组织保证。1955年1月7日，中国文字改革委员会和教育部发出联合通知，并印制了30万份《汉字简化方案草案》分发给中央和各地机关、团体、部队和学校，要求各省市教育厅局、部队和工会组织文化教育工作者和社会各界人士进行讨论，提供修改意见③。

1955年1月中旬以后，中国文字改革委员会通过各种渠道向中央、国家机关、各民主党派、高等院校征求对《汉字简化方案草案》的意见，并邀请北京各报社、杂志社和出版社就报刊试用简化字问题举行座谈会，邀请来京的各省市、自治区教育厅、局长及各地工农速成中学校长分别举行文字问题座谈会④。截至1955年4月下旬，中国文字改革委员会共收到各

①《文字改革》杂志编辑部编：《建国以来文字改革工作编年记事》，文字改革出版社1985年版，第56、59页；中共四川省委党史研究室编：《吴玉章年谱》，四川人民出版社1998年版，第422页；《汉字简化方案草案说明》（1955年1月），南京大学中文系语言教研室编：《语言政策学习资料》，江苏省邳县印刷厂1975年印，第113—116页。

②《中共中央关于讨论汉字简化方案的指示》（1954年11月5日），中共中央宣传部办公厅、中央档案馆编研部编：《中国共产党宣传工作文献选编（1949—1956）》，学习出版社1996年版，第847—848页。

③ 新华社：《中国文字改革委员会发表"汉字简化方案草案"》，《人民日报》1955年2月3日，第2版；《文字改革》杂志编辑部编：《建国以来文字改革工作编年记事》，文字改革出版社1985年版，第56—57页；《当代中国的文字改革》编辑委员会编：《当代中国的文字改革》，当代中国出版社、香港祖国出版社2009年版，第115页。

④《文字改革》杂志编辑部编：《建国以来文字改革工作编年记事》，文字改革出版社1985年版，第59—61页。

地人民群众对《汉字简化方案草案》的意见表和来信共4469件，20多个省、市、自治区的教育部门都寄来了对《草案》的意见整理表①。中国人民解放军也开展了广泛的研究和讨论，全军师以上的机关和宣传、文化部门以及各军政文化学校都举行了座谈会，或请专人作了报告，约计有10万人直接接触了这一方案。各军区、军种、兵种，以及主要的院校等97个单位都提出了书面的意见或综合报告②。

在向社会各界征集意见的过程中，中共中央对汉字简化工作非常重视，分别进行指导。毛泽东和刘少奇亲自批示报刊分批试行简体字事宜；刘少奇特别指示中国文字改革委员会，为了减少社会震动，简化字要分期分批进行，原有繁体字要保留一个时期，不要马上废除③。周恩来批示，要求文化部、教育部、邮电部、新华社负责人认真组织各部门讨论汉字简化方案，尽早向中国文字改革委员会提交修正意见④。

1955年8月至9月底，根据各方征集的意见以及简体字的试行情况，中国文字改革委员会对《汉字简化方案草案》进行了修订，形成了《汉字简化方案修正草案》。国务院聘请董必武、郭沫若、马叙伦、胡乔木等组成汉字简化方案审订委员会负责《汉字简化方案修正草案》的审订工作⑤。国务院汉字简化方案审订委员会按照"约定俗成，稳步前进"的原则，对简化字发表意见并进行投票，中国文字改革委员会根据汉字简化方案审订委员会的讨论情况作出取舍，再提交审订委员会投票复决，然后由中国文字改革委员会将修正草案提请于当年10月中旬召开的全国文字改革委员

---

① 《文字改革简讯》，《文字改革》第30期，《光明日报》1955年4月29日，第2版。

② 《魏传统代表的发言》，全国文字改革会议秘书处编：《全国文字改革会议文件汇编》，文字改革出版社1957年版，第119页。

③ 《对〈人民日报〉采用57个简化汉字方案的批语》（1955年5月7日），中共中央文献研究室、中央档案馆编：《建国以来刘少奇文稿》（第7册），中央文献出版社2008年版，第200—201页；费锦昌主编：《中国语文现代化百年记事》，语文出版社1997年版，第203页；《文字改革》杂志编辑部编：《建国以来文字改革工作编年记事》，文字改革出版社1985年版，第65页。

④ 中共四川省委党史研究室编：《吴玉章年谱》，四川人民出版社1998年版，第426页。

⑤ 《文字改革》杂志编辑部编：《建国以来文字改革工作编年记事》，文字改革出版社1985年版，第65页；中共四川省委党史研究室编：《吴玉章年谱》，四川人民出版社1998年版，第431页。

会讨论。全国文字改革委员会对《汉字简化方案修正草案》中的简化字进行了逐字讨论，提出了修改意见①。中国文字改革委员会根据全国文字改革委员会讨论结果再次修正《汉字简化方案》，并提交国务院汉字简化方案审订委员会作最后审订，然后提请国务院公布。1956年1月28日，吴玉章在国务院第23次国务会议上作关于文字改革工作的说明，会议通过《关于公布〈汉字简化方案〉的决议》②。

1956年颁布的《汉字简化方案》包括515个简化字和54个简化偏旁，主要依据"约定俗成"的方针制作而成。为了扩大简化数量，也适当地利用了同音代替、简化偏旁和草书楷化等方法。其中515个简化字的来源和主要制作方法是：（1）采用在群众中已经普遍流行的简化字，也就是一般俗字，例如："時""對""權""體"作"时""对""权""体"等。在515个简化字中，这一类的字比重最大。（2）采用古代原来笔画比较简单的字，例如："鬍""鬚""塵"作"胡""须""尘"。（3）采用通行的草书而加以楷化的。例如"執""報""為""發""樂""慮"简化为"执""报""为""发""乐""虑"等。（4）用同音字代替（同音假借），例如："籲""叢""醜"用"于""从""丑"代替。（5）偏旁类推简化，例如"東"简化成"东"，"陳""棟""凍"等字可以类推简化③。

1955年1月，国务院发布《汉字简化方案草案》向社会征集意见，官方在宣传简化字时，已不仅仅将简化字作扫盲和通俗读本之用，而是"要把群众手写已成习惯的那些简笔字用到印刷上面，以代替原来的繁笔

---

① 《文字改革》杂志编辑部编：《建国以来文字改革工作编年记事》，文字改革出版社1985年版，第65—69页；《当代中国的文字改革》编辑委员会编：《当代中国的文字改革》，当代中国出版社、香港祖国出版社2009年版，第116—117页。

② 中共四川省委党史研究室编：《吴玉章年谱》，四川人民出版社1998年版，第443页。

③ 吴玉章：《关于汉字简化问题：在政协全国委员会报告会上的报告》，《人民日报》1955年4月7日，第3版；吴玉章：《文字必须在一定条件下加以改革：在全国文字改革会议上的报告》，《人民日报》1955年10月24日，第3版；陈光垚：《798个简化汉字的来源》，《文字改革》第24期，《光明日报》1955年2月2日，第3版；《汉字简化方案草案说明》(1955年1月)，南京大学中文系语言教研室编：《语言政策学习资料》，江苏省邳县印刷厂1975年印，第113—116页。

字"①。1956年，国务院公布的汉字简化方案的决议要求，从1956年2月起，除翻印古籍和有其他特殊原因以外，经政府正式公布的简化字在全国印刷和书写的文件上一律通用，分批推行②。这个决议的颁布标志着通过文字改革者近半个世纪的呼吁和运动，简体字终于获得了中央政府的承认，正式取代繁体字成为国家法定的"正体字"。

1956年国务院颁布的汉字简化方案（影印）

三、社会反响与官方回应

《汉字简化方案草案》是中华人民共和国成立初期文字改革三大任务（汉字简化、普通话、汉语拼音方案）中最早公布于世的改革方案，这套方案一经提出，就引起了社会各界对于汉字简化问题的关注和讨论。从中国文字改革委员会和各地收到的意见表统计数据来看，赞同汉字简化的人占绝大多数。截至1955年2月14日，在中国文字改革委员会收到的1000份意见表中，对简化方针表示赞同者占90.2%，有2.7%的人表示不同意，

① 吴玉章：《文字必须在一定条件下加以改革：在全国文字改革会议上的报告》，《人民日报》1955年10月24日，第3版。

② 《国务院关于公布汉字简化方案的决议》（1956年1月28日），中华人民共和国国务院：《汉字简化方案》，人民教育出版社1956年版。

其余没有表示意见①。根据江苏省63个市县13549人的意见统计，关于简化办法问题，同意的有12281人，占90.6%；不同意的有27人，占0.2%；未表示意见的有1241人，占9.3%②。截至1955年4月底，根据中国人民解放军各部讨论《汉字简化方案草案》首批意见表统计，参加讨论的人数共有3739人，同意汉字简化的方针和办法的有3694人，占98.8%；不同意的有21人，占0.56%；未表示意见的有24人，占0.64%③。

从职业、文化程度等方面来看，绝大多数文化程度较低的工人、农民、青少年学生、基层干部、部队的士兵基于自身学习汉字的经历，大多拥护中国文字改革委员会的主张，希望早日公布汉字简化方案。

当第一、二批简化字在《江苏农民报》上公布后，江苏各社民校的农民学员到处提意见，有些农民很高兴地说："为啥识字课本上不同样印这样简便的字，我们写起来多简单"，"将来的字个个都如此，学起来更便当了"④。江宁县农民业余学校学员感叹道："汉字简化了，我们学字就会快得多了。以前因为汉字难学、难写、难记，我们年年上冬学，结果还是识不了几个字。"铜山县的小学教师反映说："汉字太繁难了，非进行简化不可。为了教儿童认识一个'聽'字，逼得我们要编出一支歌来教：王家有个小孩耳朵长，十四岁才一心上学堂。"⑤排字工人郗志森抱怨繁体汉字给排字工作带来的困难，认为简化汉字以后，在刻字、翻字、校对、改样上就可以节省时间了⑥。淮海报印刷厂职工代表徐世孙也说："我们厂职工都要求早日将方案公布实行。简化了汉字，可以给排版印刷带来不少方便。"⑦郭海山是黑龙江省当地的一名村长，他从1949年就开始学习识字，

① 中国文字改革委员会汉字整理部整理：《各地人士对〈汉字简化方案草案〉的意见提要》（1955年2月14日以前收到的1000份意见表），《中国语文》1955年第3期，第37页。
② 《江苏省教育厅报告》（1955年4月23日），江苏省档案馆藏，档案号：4013-002-0411。
③ 《文字改革简讯》，《文字改革》第32期，《光明日报》1955年5月25日，第3版。
④ 《何养初代表的发言》，全国文字改革会议秘书处编：《全国文字改革会议文件汇编》，文字改革出版社1957年版，第134页。
⑤ 《江苏省教育厅报告》（1955年4月23日），江苏省档案馆藏，档案号：4013-002-0411。
⑥ 《读者来信》，《文字改革》第30期，《光明日报》1955年4月27日，第3版。
⑦ 《江苏省教育厅报告》（1955年4月23日），江苏省档案馆藏，档案号：4013-002-0411。

年年操心办冬学。但是断断续续学了七年，只认些简单字，还不能读书看报。这固然和他的记性不好有关，但汉字笔画多，不容易学也是重要原因之一。他对比过去学习汉字的困难经历时感叹道："现在汉字简化了，一字好多模样，叫它只留一个模样，笔画多的，叫它减少笔画。这样，可以给我们初学字的人打开了方便之门，很快地解除我们不识字的痛苦。"[①]湖北省麻城城关镇第二居民委员会民校学员看到了报纸上公布的简化汉字后，都很高兴。他们主动要求民师先教他们认写这些简化汉字，全校24个学员都学会了一、二批简化汉字[②]。

新中国成立之后实行的是义务兵役制，从当时应征入伍的新兵来看，文盲、半文盲还占相当大的比例。祁建华的速成识字法虽然加快了扫盲的速度，但识字教学上仍然是有困难的。军队的工农干部，由于缺乏书法训练，再加上字体繁难，影响到书写的速度。在下达命令、起草公文以及记笔记时，单在书写方面，就占用了很多时间。所以，当第一批简化汉字公布的时候，部队官兵也热烈拥护简化字。驻汤山的某部队一个同志写信到江苏教育厅索取《汉字简化方案》，很多同志也都希望能人手一册进行学习[③]。

青少年学生也普遍欢迎简化字。河南省试验小学教师胡逸生说，当他在讲台上向学生介绍简化汉字，举出"艷"字今后简化为"艳"字时，孩子们马上热烈鼓掌欢呼[④]。江苏的一些大中小学生看到《汉字简化方案草案》后，拍手欢呼，认为简体字减轻了学习上的许多困难，并查问方案何

---

① 郭海山说，高志畔、李文玉记：《汉字简化给我们识字打开了方便之门》，《文字改革》第42期，《光明日报》1955年10月12日，第3版。

② 颜卜功：《民校学员欢迎简化汉字》，《扫盲简报》1956年第14期，湖北省档案馆藏，档案号：SZ118-02-0181-014。

③《魏传统代表的发言》，全国文字改革会议秘书处编：《全国文字改革会议文件汇编》，文字改革出版社1957年版，第120—121页；刘汉：《人民解放军正在大力推行汉语拼音字母和推广普通话：为纪念汉语拼音方案诞生二周年而作》，《文字改革》1960年第4期，第9页。

④《关于全国文字改革会议的情况和目前文字改革工作的请示报告》（1955年11月23日），中共中央文献研究室编：《建国以来重要文献选编》（第8册），中央文献出版社2011年版，第80页。

时公布推行，有的还感觉简化和废除的字数不多，表示不大满足①。安徽省芜湖市的中学生也非常拥护简化字，他们认为汉字简化对学习帮助很大，在写作中用"宝"代"寶"，用"湾"代"灣"，普遍地使用起来②。

丰子恺所作汉字繁简今昔对比漫画（1963）

值得注意的是，在简化字未得到政府承认之前，中小学教师在教学上对于简体字问题的看法不尽一致，处理的方法也各有不同。学生们在作文和周记里常常写简体字，有的教师认为简体字不是正体字，看不惯、不承认；有的老师甚至引经据典，不厌其烦地给学生讲解，企图说服学生，也不让学生们随便写，写了简体字就算是错字；有的认为简体字写起来节时省力，禁也禁不了，社会上到处流行着简体字，老师自己也写简体字，只禁止学生写是没有道理的，因而准许学生写简体字；有的教师虽然同意学生写简体字，但又反对任意求简，随便造字③。《汉字简化方案草案》发布之后，大部分中小学教师是支持汉字简化的。比如，上海市教育局向全市各级各类学校语文教师及社会人士征求意见时，全市共发出《汉字简化方案草案》11000多份，有8200多人提出了意见，其中大多是中、小学及工

---

① 《江苏省教育厅报告》(1955年4月23日)，江苏省档案馆藏，档案号：4013-002-0411。

② 《芜湖市文字改革座谈会会议记录》(1955年3月31日)，芜湖市档案馆藏，档案号：0204-02-151。

③ 杜子劲：《简体字在教学上的问题：答几位读者的来信》(1954年6月16日)，《文字改革》第8期，《光明日报》1954年6月23日，第3版；张中杰《语文教学迫切需要简化汉字》，《文汇报》1955年11月9日，第3版；程渤涛：《我改变了对文字改革的看法》，《文字改革》第37期，《光明日报》1955年8月3日，第3版。"读者来信"，《文字改革》第30期，《光明日报》1955年4月27日，第3版。

农业余学校的语文教师。在8200多人中，95.3%的人同意汉字简化方针①。1955年2月至3月间，安徽省教育部门在1560名知识分子中征集对汉字改革的意见，完全赞同中国文字改革委员会提出的方针步骤的占93.8%，认为方针正确而办法欠善者占0.7%②。特别是那些从事工农兵文化教育工作的教师更是支持简化字。他们觉得群众学文化，时间少、条件差、识字困难，简化字对工农兵学习文化来说是有益处的③。

　　尽管大部分中小学教师是支持汉字简化改革的，但他们也表达了一些担忧。1955年2月上旬，南京一中召开《汉字简化方案草案》的座谈会，有的教师讲到，因为对汉字有深厚感情，花了很大力气学的，现在却要改革，所以对文字改革有反感；还有教师抱怨说，一改倒反而使自己变成"文盲"了，要对照才能写字④。1955年3月，在安徽省芜湖市教育局主持召开的文字改革座谈会上，文化程度高的知识分子对文字改革有抵触心理，担心简化汉字"把原来文字搞乱了"。有的中学教师感到已经形成了新的形势发展，阻止也阻止不了；有的教师认为，中国的汉字有这么悠久的历史和很多优点，一旦完全改掉是很可惜的。比如，芜湖三中有一位姓卫的教师，看到自己的姓被简化时，总想保留原字⑤。

　　高校教师的心态更是矛盾不一。据南京大学一位教师反映，"高等学校先生拥护是拥护，但本身不急迫需要；有人认为改了好久也未改了，因而不关心"；还有人说："改与不改与我无关"；也有人认为"中央既然已

---

　　①《上海教师赞同汉字简化方针》，《文汇报》1955年4月17日，第3版。

　　②《操震球代表的发言》，全国文字改革会议秘书处编：《全国文字改革会议文件汇编》，文字改革出版社1957年版，第92页。

　　③ 洛雪：《应该把通行的简体字确定为正体字》，《文字改革》第20期，《光明日报》1954年12月8日，第3版；贾援：《简化汉字对成人识字的好处》（1955年3月），中国语文杂志社编：《简化汉字问题》，中华书局1956年版，第90—91页。

　　④《江苏省讨论汉字简化方案草案委员会第一次讨论记录》（1955年2月20日），江苏省档案馆藏，档案号：4013-002-0411。

　　⑤《芜湖市文字改革座谈会会议记录》（1955年3月31日），芜湖市档案馆藏，档案号：0204-02-151。

经研究，我们也讨论不出什么了"①。据当时四川大学中文系一位学生的观察，简化字在该校老师中使用的情况并不令人满意。很多老师（尤其是文科老师）根本不使用简化字，有的老师不但自己"不屑于"用，还不准学生在毕业论文上用，有的老师采用的简化字尽是些稀奇古怪的古体字和独创字，有的老师还坚持自己的讲稿非得直排不可。对文字改革隐约有所非议的老师也是有的②。

绝大部分民主党派、无党派人士是支持汉字简化改革的，但对简化字和汉字简化工作也提出了很多意见。这些意见在1957年5月中国文字改革委员会召开的三次文字改革问题座谈会上都有所反映。文字学者陈梦家是当时反对汉字拼音化的代表性人物，曾公开表达反对意见；但是，他也是支持汉字简化的，只不过对当时的汉字简化工作程序批评较多。文学家吴宓、史学家陈寅恪二人都反对汉字拼音化和简体字。吴宓曾在1956年重庆知识分子代表大会和1957年西南师范学院敬老会上明言：不赞成文字改革及简体字③。

自《汉字简化方案草案》发布之后，不少支持者也不满足于这个方案所做的简化。有人认为简化字数量太少，简化的面不够广，不彻底，对工农大众来说，还是不够简便。全国工人劳动模范陆阿狗听到汉字简化信息之后，兴奋不已，他希望"再多简化一些"④。文字学家容庚也认为，汉字简化方案应该是全面的，不是点滴枝节的，要有全面的计划，不要分批实行。《汉字简化方案》"尚不足以应广大群众的要求。简化不是太多而是太少，全面简化，尚有待于今后的努力"⑤。毫无疑问，初识字的人和工

①《江苏省讨论汉字简化方案草案委员会第一次讨论记录》（1955年2月20日），江苏省档案馆藏，档案号：4013-002-0411。
② 罗小琳：《高等学校的老师应该重视简化字》，《文字改革》1958年第7期，第3页。
③ 吴学昭整理：《吴宓书信集》，生活·读书·新知三联书店2011年版，第403—404页；吴学昭整理：《吴宓日记续编（1954—1956）》（第2册），生活·读书·新知三联书店2006年版，第389页。
④ 中国人民大学中国语言文学教研室预科教学小组：《我们热烈欢迎汉字简化》，《文字改革》第31期，《光明日报》1955年5月11日，第3版。
⑤ 容庚：《汉字简化不容翻案》，《文字改革》1957年第11期，第11页；容庚：《我对于汉字简化方案（草案）的意见》，曾宪通编：《容庚杂著集》，中西书局2014年版，第250页。

农群众大都希望多简化一些汉字，文字改革工作者是支持这一主张的，但实际推行起来有非常大的困难。胡乔木、叶恭绰回应说，由于受物质条件和思想条件的限制，汉字简化工作不可能一步到位。一是物质上的限制。当时刻制模坯还没有机械化，全国只有十几人可以刻模坯，每改革一个字，各体各号铜模至少要刻二十几副，需要二十几倍的时间。改的简化字多，印刷上准备的时间就要长。二是思想和精神层面的困难。阅读的新习惯需要逐步养成，如果一次改得太多，很多知识分子觉得很多字看起来不习惯、很吃力，就会对简化字产生反感，不利于改革的推行。简化做得不彻底，主要考虑到简化面不能太大，也要考虑到社会的接受度①。可以说，刻制铅字铜模的技术和社会心理承受度共同决定了简化字只能分批进行，不可能有太多简化。

有些急于改用拼音文字的人士，认为简化费力大而效果有限，解决不了根本问题，建议不必搞简化字，应该集中精力来搞拼音文字。比如，在中国文字改革委员会收到的意见表中，有人急于推行拼音文字而对汉字简化改革提出质疑："简化汉字对改成拼音文字并没有直接帮助，而且造成麻烦多走一步，这既会分散推行拼音文字的力量，又造成造新铜模等浪费。文字快要改革了，不走这一步不行吗？"②胡乔木对简化字无用论这一类观点提出了批评。他认为即使以后推行拼音文字，汉字仍然会存在，学生还是要学习汉字。因为汉字记载了中国几千年的历史文化，要用拼音文字翻译这些文化遗产是不可想象的。只要我们还要用汉字，就要围绕着汉字的整理和简化作一系列的科学工作。比如，要研究汉字的来源和演变、汉字的检字方法、汉字的印刷和打字技术、汉字的教学心理等问题③。这

---

① 叶恭绰：《汉字整理和汉字简化》，《人民日报》1955年6月1日，第2版；胡乔木：《汉字简化和改革的问题》（1955年3月15日），《胡乔木传》编写组编：《胡乔木谈语言文字》（增订本），人民出版社2015年版，第78—79页。

② 中国文字改革委员会汉字整理部整理：《各地人士对〈汉字简化方案草案〉的意见提要》（1955年2月14日以前收到的1000份意见表），《中国语文》1955年第3期，第37页。

③ 胡乔木：《在全国文字改革会议上的发言》（1955年10月23日），《胡乔木传》编写组编：《胡乔木谈语言文字》（增订本），人民出版社2015年版，第94—96页。

点也说明，中国共产党人虽然支持拼音文字，但并未主张要废除汉字，他们清醒地认识到这在实践层面也是做不到的。

有知识分子担忧的是，他们认识繁体字已成习惯，如果简化字太多，不容易认识，本来识字的都要因此变成文盲了。对于刚刚识字读书的人来说，因为新添了简字，又要增加学习负担了。施蛰存当时就有这样的感慨："我的文字生涯，也该有三四十年了，对于祖国的语言文字，虽不能深入钻研成为语文专家，一般的使用阅读，一向都还对付得过去。可是，近来却颇有'倒绷孩儿'之感，常常有许多文章，或一言一句，看不懂，非但如此，连自己写的文字，一经排成铅字，也往往看不懂了。真是一件很替自己担忧的事。"[1]高名凯也指出，有些简字是有用处的，但有些简字不但不解决问题，反而会引起混乱。他认为简字虽然可以给人一些方便，但同时也给人带来麻烦，因为每一个人至少都得学习两套文字[2]。这些问题恐怕都是文字改革过渡期间必须要经历的。《汉字简化方案》中的简化字大部分是民间流行已久的简化字，但有些简化字的通行范围是有局限性的，所以并非每个简化字知识分子都能不学而识[3]。但这些并不能成为知识分子反对简化字的理由。叶恭绰和胡乔木指出，简体字虽有一定的地区和行业差异，但大多数简体字都是大家常用的俗体字，对已识字的知识分子来说，稍微用点时间，认识简体字是不成问题的，这种负担是极小的。而对于初识字的儿童来说，汉字简化是要从印刷上根本简化，废繁存简，不但不会增加负担，反而可以解除两重负担的麻烦[4]。

有些知识分子指摘简化字单纯地减少汉字笔画，破坏了汉字的声符和形符，打乱了汉字的"六书"规律，不同音的字，声符却相同，相同的形

---

① 施蛰存：《倒绷孩儿》(1957年4月26日)，刘凌、刘效礼编：《施蛰存全集·北山散文集(第二辑)》(第3卷)，华东师范大学出版社2011年版，第648页。

② 高名凯：《关于文字改革》(1957年5月27日)，《高名凯语言学论文集》，商务印书馆1990版，第511—512页。

③ 曹伯韩：《关于修正〈汉字简化方案〉的问题》，《文字改革》1957年第8期，第30页。

④ 叶恭绰：《汉字整理和汉字简化》，《人民日报》1955年6月1日，第2版；胡乔木：《汉字简化和改革的问题》(1955年3月15日)，《胡乔木传》编写组编：《胡乔木谈语言文字》(增订本)，人民出版社2015年版，第74—75、78页。

符代替了不同的偏旁，难以找到系统的规律。比如，吴宓在日记中从多方面分析简化字"完全破坏汉文系统"的种种表现①。这也是当时一些知识分子在私下言谈中或多或少都提及的一点。胡乔木、叶恭绰、曹伯韩等承认部分简化字的确"破坏了原来汉字的系统"，但是，他们认为从甲骨文到篆书，从隶书到楷书，汉字的传统和规律早就被破坏了，再加上各地方言音韵流转，很多形声字的声符不能表音，意符不能表义，这是汉字发展和改革过程中不可避免的现象。简化字并不是都没有规律，很多简化字也利用了形声、会意的结构方法。如"乔"简从"乔"，"桥""侨"的右旁统改成乔，仍是形声字。当然，胡乔木也承认研究汉字的传统和规律是必要的。比如，研究字的原形和发展过程，编成字典供人们参考，这是"存古"的一面，是需要专家学者来做的事情。简化汉字是从群众使用方便的角度来考虑的，虽然为了方便牺牲了一些"六书"规律，但简化字更有利于人们的学习和使用，这个牺牲也是值得的②。

"从俗"还是"从律"也是时人讨论的一个焦点问题。有人提倡应该根据"六书"，或者依照"形声"等方法有系统地整理简化字。实际上，在拟制简化字的过程中，毛泽东、马叙伦早有此提议，但在实际操作中却很难实施。吴玉章、叶籁士、叶恭绰等认为，汉字原来的系统是复杂紊乱的，要按照一种系统方法来整理汉字就会遇到更多的问题。假设按照"形声"方法来改造简化字，把"京"字定为"鲸""景"等字的声旁，将"凉""谅"等字的声旁改为"良"，倘若将"凉"改成"浪"，人们就会错认为"波浪"的"浪"；如果要替"浪""朗""郎""银"等字找一个比"良"更恰切的声旁就很困难。如果严格地按照偏旁简化类推的办法来简化汉字，就会造成大量新汉字，致使汉字面目全非。即使能制作出新的形

---

① 吴宓著，吴学昭整理：《吴宓日记续编（1954—1956）》（第2册），北京：生活·读书·新知三联书店2006年版，第147页。

② 胡乔木：《汉字简化和改革的问题》（1955年3月15日），《胡乔木传》编写组编：《胡乔木谈语言文字》（增订本），人民出版社2015年版，第76—77页；叶恭绰：《汉字整理和汉字简化》，《人民日报》1955年6月1日，第2版；曹伯韩：《关于修正〈汉字简化方案〉的问题》，《文字改革》1957年第8期，第30页。

声简化字，要推行这种系统化的新字也是极端困难的。从推行方便的角度来看，汉字简化改革只能遵循"约定俗成"方针，适当调整形声简化字①。

中国文字改革委员会为了扩大简化字的数量，采用了"省略""假借""类推"的方法。《汉字简化方案》分批推行之后，除了有人指出有些偏旁简化不够合理之外，知识分子较多的意见集中在同音代替简化字所带来的问题上。俞平伯、陈梦家、周祖谟、容庚等指出，语言中常常出现同音的字或声音相似的字（有的在读音上并不是真正的同音字），采用同音代替的办法可能会造成概念混乱。比如，以"干"字代"乾"，以"付"代"副"，以"征"代"徵"，以"只"代"隻"，以"肖"代"箫"，等等②。叶圣陶对这些同音替代字的看法比较复杂。他既认识到同音替代简化字的缺点，"感情上言甚不赞成"这些新创通假简体字，但他又从普通群众方面考虑，认为对于"不识字之人而言，则一名可以代数名，究为方便"③。

因为简化字本身存在的诸多缺点，由此推而广之，不少知识分子又开始担心简化字与古籍翻印、文化遗产继承的问题。有知识分子担心，如果将简化字随便用到古典书籍中，会造成大量地点和人名、文言语句的意义混淆不清，增加读者的阅读困难。所以，翦伯赞、刘哲民、李平心、陈丕赞等主张，在印刷古典书籍的时候，要恢复使用繁体字④。吴宓将简化字与古籍、中国文化的关系看得更严峻。他认为简体字大量采用之后，中国

---

① 余学文：《谈谈对于文字改革的几种意见》，《文字改革》第 25 期，《光明日报》1955 年 2 月 16 日，第 3 版；吴玉章：《关于汉字简化问题：在政协全国委员会报告会上的报告》，《人民日报》1955 年 4 月 7 日，第 3 版；叶恭绰：《关于汉字简化工作的报告》（1955 年 10 月 15 日），全国文字改革会议秘书处编：《全国文字改革会议文件汇编》，文字改革出版社 1957 年版，第 25—27 页。

②《文字改革问题座谈会记录》，《拼音》1957 年第 7 期，第 6、11、15 页；曾宪通编：《容庚杂著集》，中西书局 2014 年版，第 248 页；《关于汉字的前途：1957 年 3 月 22 日在中国文字改革委员会的讲演》，陈梦家：《梦甲室存文》，中华书局 2006 年版，第 248 页。

③ 叶至善整理：《叶圣陶日记》（下），商务印书馆 2018 年版，第 1568 页；叶圣陶：《谈汉字改革》，《文字改革》1957 年第 8 期，第 5 页。

④《文字改革问题座谈会记录》，《拼音》1957 年第 7 期，第 5 页；秋陵：《从简体字想起的》，《文字改革》1957 年第 9 期，第 25—26 页；《简体字带来的问题》，《新民晚报》1957 年 5 月 14 日，第 1 版；李平心：《关于文字改革的几个问题》，《文字改革》1957 年第 9 期，第 18 页；陈丕赞：《汉字简化与简化字的应用问题》，《文字改革》第 75 期，《光明日报》1957 年 1 月 30 日，第 3 版。

人"皆不识正体楷书之汉字",不能读通浅近文言、四书五经和韩文杜诗,
"伤心中国文化(汉文、儒教)之亡","五千年华夏之文明统绪全绝"①。
陈寅恪生前未写简体字,且留有遗言:他的著作,必须用繁体字直排出
版,否则宁可埋入地下②。陈寅恪和吴宓等学者大概有着相同的顾虑,他
们的言论在时人看来未免危言耸听,但出发点是善意的。

对于各方指出简化字本身所存在的问题,中国文字改革委员会方面非
常重视,并作出了积极回应。吴玉章承认"汉字简化方案中的确有少数汉
字的简化办法,特别在同音代替方面,考虑得不够周到,因此在使用上还
不够妥善,或者可能发生误解"。正是因为如此,中国文字改革委员会将
根据简化字试用的经验和各方意见,对汉字简化方案进行整理修订③。曹
伯韩也指出,同音代替字、偏旁类推不可滥用,为了照顾古书和文言文,
更应该严格限制,并提出了修正建议④。1957年6月,中国文字改革委员
会召开会议对《汉字简化方案》中的同音代替字作出了处理意见,撤销了
不是真正同音的和代替后引起意义上混淆的简化字,但已经约定俗成的同
音代替字仍可使用⑤。

中国文字改革委员会在推进汉字简化改革的过程中已经考虑到简化字
和古籍的阅读、翻印问题。文字改革工作者考虑到,一是采取约定俗成的
方针来简化汉字,不至于让汉字改变过多,学生可以通过繁简对照和查阅
字典的办法来阅读古文⑥。二是1956年《汉字简化方案》颁布之时,政令
就明文规定,翻印古籍可以用繁体字,但在实际应用方面却很难执行到

① 吴宓著,吴学昭整理:《吴宓日记续编(1954—1956)》(第2册),北京:生活·读书·新知三联书店
2006年版,第147、236、287、308页。

② 吴学昭:《吴宓与陈寅恪》(增补本),生活·读书·新知三联书店2014年版,第355页。

③ 吴玉章:《关于当前文字改革工作和汉语拼音方案的报告:1958年2月3日在第一届全国人民
代表大会第五次会议上》,《人民日报》1958年2月14日,第2版。

④ 曹伯韩:《关于修正〈汉字简化方案〉的问题》,《文字改革》1957年第8期,第28—30页。

⑤ 《文字改革》杂志编辑部编:《建国以来文字改革工作编年记事》,文字改革出版社1985年版,第
95页。

⑥ 叶恭绰:《关于汉字简化工作的报告》(1955年10月15日),全国文字改革会议秘书处编:《全国
文字改革会议文件汇编》,文字改革出版社1957年版,第35页;郑林曦:《汉字改革》,新知识出版社
1957年版,第39页。

位。《汉字简化方案》出台之后，除了专印古籍的印刷厂，一般印刷厂撤销了过去的铜版和繁体字模，没有酌量保留全套繁体字的老字架。再加上中学文学教材由现代文学和古典文学作品混合编成，一般报刊常常引用古籍或刊登古体诗词，这就使得应用简体字的问题复杂化。为了解决这些问题，一般新闻出版机构多半采用简单的办法，不论是古文还是现代语文，一律用简体字排印，一些不合理的同音代替的简化字掺杂其间，产生了意义上的误解，这样就改变了古文的面貌，引起了知识分子的担忧。

在中国文字改革委员会看来，简化字的应用只要不牵涉古籍翻印，也就不会影响到文化遗产的继承问题。但用繁体字翻印古籍存在着执行不到位的问题，也应该予以纠正。所以，政府和中国文字改革委员会此后屡次出台文件予以说明。1962年，中国文字改革委员会、文化部、教育部又联合发出《简化汉字总表》的通知，这个通知要求报纸、刊物、图书、课本普遍采用简化字，但编印古籍及特种图书可以采用繁体字①。1963年3月，中国文字改革委员会在《国务院命令（草稿）》中再次明确说明：一般出版物一律通用简化汉字，供专家使用的古籍、高等学校中国古代语言文字、历史、哲学各科的教学用书和其他某些适应特殊需要的书籍可以应用繁体字②。这些措施表明，政府方面注意到了简化字在实际应用方面存在的问题。不过，在简化字推行初期，文字改革者更多考虑的是简化字在普及教育方面的功用，而较少顾及简化字可能给古籍阅读、传统文化的保留和继承所带来的影响。而在具体应用中，不管政府方面的政令如何规定，简化字仍然不断被应用到文言和古籍当中，它所带来的各种影响也成为此后直至当今文化界汉字简繁争论中绕不开的议题。

---

① 中国文字改革委员会、中华人民共和国文化部、中华人民共和国教育部：《关于公布〈简化汉字总表〉的联合通知》（1962年4月16日），湖北省档案馆藏，档号：SZ118-02-0512-003。

② 《文字改革》杂志编辑部编：《建国以来文字改革工作编年记事》，文字改革出版社1985年版，第146页。

第三章　汉语拼音字母的确定

确定使用何种形式的字母是制订汉语拼音方案的前提条件，现在一般受过基础教育的人对汉语拼音大概不会感觉到陌生，但人们对当时中央政府和文字改革工作者为何选择拉丁字母作为汉语拼音字母的问题却鲜有了解。从当时文字改革工作者的主观意愿来看，研究和拟制汉语拼音方案，不仅仅为了给汉字注音和用作普通话教学的工具，同时也用以进行拼音文字的试验工作。所以，文字改革工作者不仅从汉字注音角度，亦从创制新文字角度来讨论拼音字母的选择问题。选择何种拼音字母不仅仅是文字改革工作专业领域的问题，同时也深受新中国社会和政治因素的影响。

一、由国际化拉丁字母到民族形式字母

在近代中国的文字改革运动中，文字改革者认为表意汉字不如拼音文字易学易识，是普及教育和发展文化的阻碍，纷纷效仿拼音文字的做法，拟制拼音方案。由中国人自己拟制的具有一定影响的拼音方案主要有四种：第一种是清末切音字运动中王照拟制的官话合声字母，这个切音方案是仿照日文的假名，采用汉字偏旁或字体的一部分作为符号来制订的汉字笔画式拼音方案[1]。第二种是1913年读音统一会主要根据传统单体汉字

---

[1] 关于清末汉字改革拼音方案的相关内容可参见倪海曙：《清末汉语拼音运动编年史》，上海人民出版社1959年版。

笔画制作的注音字母，这种注音符号成为民国时期使用较为广泛的汉字注音工具，一直沿用至新中国成立初期（台湾地区现在仍在使用）[①]。第三种是以赵元任为代表的语言学家研制的国语罗马字方案（1928年由南京国民政府大学院公布）[②]。第四种是20世纪20年代末留苏的吴玉章、瞿秋白等共产党人在苏联汉学家的帮助下，研究拟制的拉丁化新文字[③]。1931年9月，在海参崴举行的第一次中国新文字代表大会确定了中国新文字的十三原则，该会决议指出，要形成通俗化、大众化、科学化和国际化的拼音文字，必须采用拉丁字母[④]。后来在陕甘宁边区推行的拉丁化新文字也是以这个方案为蓝本的。国语罗马字方案和拉丁化新文字方案虽然在语音和拼读方法上有所区别，但这两个拼音方案都不约而同地采用了拉丁字母，这也可见当时汉字拉丁化运动影响之大。不过，由于政治理念和文字改革思想的不同，共产党人和左翼知识分子并不认同注音符号和国语罗马字方案；而国民党政府和一些国语运动的支持者也反对拉丁化新文字，各方对于汉语拼音方案并没有达成共识。

国语派和拉丁化新文字派在汉字改革问题上虽有不同意见，但都选择了拉丁字母来制订拼音方案，这个选择一直影响到新中国的文字改革工作。1949年8月25日，吴玉章写信向毛泽东请示文字改革问题。这封请示信中第一个提到的问题就是关于汉字改成拼音文字的字母形式问题，吴玉章指出："根据文字应当力求科学化、国际化、大众化的原则，中国文字应改成拼音文字，并以改成罗马字的，也就是拉丁化的拼音为好。不要注音字母式拼音与日本假名式的拼音。"[⑤]差不多同一时间，吴玉章在华北大

---

① 崔明海：《制定"国音"尝试：1913年的读音统一会》，《历史档案》2012年第4期。

② 民国时期汉语拼音方案的相关内容可参见黎锦熙：《国语运动史纲》，商务印书馆1934年版，第174—177页。

③ 吴玉章、黎锦熙：《六十年来中国人民创造汉语拼音字母的总结》，《人民日报》1957年12月11日，第7版。

④《中国新文字十三原则》（1931年），倪海曙编：《中国语文的新生：拉丁化中国字运动二十年论文集》，时代出版社1949年版，第54页。

⑤《吴玉章关于中国文字改革致毛泽东信》（1949年8月25日），程文、陈岳军编著：《吴玉章往来书信集》，重庆大学出版社1993年版，第187页。

学召开的中国文字改革协会发起人第三次会议上（此会最早由吴玉章和黎锦熙发起，胡乔木后来也成为新的发起人）公开表达了自己的主张："在中国文字改革的原则上，应力求科学化、国际化、大众化，改成以拉丁罗马字母为主体的拼音文字。"①实际上，这一主张代表了当时大部分文字改革工作者的共同意见。

毛泽东接到吴玉章的请示信之后，将信转发给郭沫若、马叙伦和茅盾三人研究，并希望他们给出意见。1949年8月28日，郭、马、茅三人在回信中认可了吴玉章的主张，"我们也认为将来中国的拼音文字，与其采用注音字母式或日本假名式，毋宁采取拉丁化而辅之以万国音符"②。1949年9月5日，在中国文字改革协会发起人第四次会议上，经过与会者的讨论，大家一致同意"拼音文字要采取罗马拉丁字母，并辅之以国际音标"③。1951年6月7日，中国文字改革研究委员会筹备会召开汉字注音、拼音问题座谈会。出席会议的有韦悫、林汉达、黎锦熙、魏建功、曹伯韩、周祖谟、郑之东等20人。与会者基本上赞成以北京话为标准音，用拉丁化符号给汉字注音④。可以说，当时大部分文字改革工作者都同意采用拉丁字母。有了这样的集体意见，是不是意味着拉丁字母就能成为制订汉语拼音方案的当然选择呢？文字改革问题关乎民族文化大计，无疑需要精心研究。

中共中央对文字改革和字母问题甚为重视，但此时仍未形成明确意见。1950年5月14日，中国文字改革协会各委员会负责人在吴玉章家中召

---

① 《中国文字改革协会发起人会确定章程草案 吴玉章提出改革意见》，《人民日报》1949年8月29日，第1版。

② 《郭沫若、马叙伦、沈雁冰复毛泽东信》（1949年8月28日），程文、陈岳军编著：《吴玉章往来书信集》，重庆大学出版社1993年版，第189页。

③ 1949年9月5日，中国文字改革协会发起人会在华北大学举行第四次会议。出席人有：郭沫若、马叙伦、茅盾、范文澜、成仿吾、吴玉章、黎锦熙、罗常培、陆志韦、叶圣陶、萧三、林汉达、叶丁易、聂真等。参见《讨论文字改革原则 文字改革协会发起人会召开第四次会议》，《人民日报》1949年9月7日，第2版。

④ 《文字改革》杂志编辑部编：《建国以来文字改革工作编年记事》，文字改革出版社1985年版，第22页。

开座谈会。胡乔木指出，"将来制定拼音之新文字，由政府公布之。制定之先，必须极端审慎"，"字母须照顾各地方言及少数民族语言"[①]。一直关心和支持文字改革工作的徐特立也曾就拼音字母问题致信中共中央办公厅表达了他的观点。他认为注音符号涉及汉民族方言的读音统一和各民族间语文交流工具的统一问题，这是迫切需要解决的问题。现在"教育部马部长报告，只提发音符号问题，要求从注音字母及拉丁字母两者之中择其一种，并未牵及汉字本身的存废"，"我是赞成拉丁化。如果多数主张注音字母，我也赞成。因为它比反切或直音科学化"[②]。徐特立强调了拼音字母的重要性，并且他也是支持拉丁字母的，但他还是以多数人的意见为准。1953年10月8日，徐特立曾致函杨树达信请教汉字问题，"北京近有改革汉字之议，尚未见之实行。弟对此素缺研究，正在阅读这一方的书籍，乞有以教我"[③]。徐特立是延安时期领导文字改革的元老人物，但在新中国成立之初，他对于文字改革如何进行，也还没有明确的主张和定论。

毛泽东曾亲身参与延安时期拉丁化新文字的推行工作。按照毛泽东过去对于拉丁化新文字的支持态度推断，他应该是支持拉丁字母。不过，在1951年下半年，毛泽东向主持文字改革工作的马叙伦、吴玉章等传达了他对文字改革的重要指示："文字必须改革，要走世界文字共同的拼音方向"，但"形式应该是民族的，字母和方案要根据现有汉字来制定"[④]。对于毛泽东这一主张，吴玉章等事先也许没有料到，但也初步认可了这个意见。

1952年2月，马叙伦和吴玉章在中国文字改革研究委员会成立大会上正式向与会者传达了毛泽东关于文字改革的相关指示。会后，马叙伦和吴

---

① 叶至善整理：《叶圣陶日记》(中)，商务印书馆2018年版，第1171页。

②《关于注音字母的意见》(1950年)，武衡、谈天民、戴永增主编：《徐特立文存》(第4卷)，广东教育出版社1995年版，第230页。

③ 杨逢彬整理：《积微居友朋书札》，湖南教育出版社1986年版，第236—237页。

④ 马叙伦：《中国文字改革研究委员会成立会开会辞》(1952年2月5日)，《中国语文》1952年创刊号，第4页。

玉章又致信毛泽东请示该会今后的工作方针。马、吴二人在请示信中指出，该会根据中国人民政治协商会议共同纲领文化教育政策"中华人民共和国的文化教育为新民主主义的即民族的、科学的、大众的文化教育"的规定，决定以民族形式的拼音文字为中国文字改革的方向。此信由郭沫若转呈毛泽东、周恩来和刘少奇审阅。毛泽东在看过此信和1952年中国文字改革研究委员会的工作计划纲要之后，批示同意这个报告①。毛泽东此时的态度是：支持采用民族形式（即汉字笔画式的字母）作为汉语拼音字母，而不一定非用拉丁字母或斯拉夫字母不可。毛泽东这时为何支持采用汉字笔画式的字母作为汉语拼音字母呢？有论者认为，毛泽东提出采用民族形式的字母，与1951年扫盲运动中出现的"速成识字法"有一定关系②。这种解释有一定道理，但还应作进一步探究。

这里需要简单探讨一下毛泽东的文化观和他的文字改革思想之间的关系。毛泽东曾在《新民主主义论》一文中阐发了他的新民主主义文化观："中国文化应有自己的形式，这就是民族形式"，"中国现时的新文化也是从古代的旧文化发展而来，因此，我们必须尊重自己的历史，决不能割断历史"③。毛泽东在这里强调了中国文化应具备民族性和历史性的双重特征，他的文字改革思想遵循了新民主主义文化观。1951年1月1日，在政务院举办的新年团拜会上，毛泽东与林伯渠、黎锦熙等人共谈文改工作，并说道："我不赞成用拉丁字母，因其太不适合民族形式。"④1953年5月18日晚，毛泽东主持召开中共中央政治局会议讨论文化教育工作。在谈到文字改革问题时，毛泽东提出了文字改革的计划："第一个五年计划期间，要搞出简体字来，简体字可以创造。同时研究注音字母，它有长期历史。

---

① 《马叙伦、吴玉章关于中国文字改革研究委员会成立情况致毛泽东信》（1952年3月12日），程文、陈岳军编：《吴玉章往来书信集》，重庆大学出版社1993年版，第209—210页。

② 王爱云：《中国共产党领导的文字改革》，人民日报出版社2015年版，第146页。

③ 《毛泽东选集》第2卷，人民出版社1991年版，第707—708页。

④ 《附：1913—1956年与毛主席通信、见面纪略》，黎泽渝：《1915—1920年黎锦熙日记中有关毛泽东的记录摘抄》，《党的文献》1999年第3期，第79页。

将来拼音，要从汉字注音字母中搞出字母来。"①从这些言论看来，采用民族形式的字母符合毛泽东的新民主主义文化观和务实的文字改革战略：文字改革应该根据实际，不能脱离历史，要照顾到民族习惯和特点；相比于拉丁字母，汉字形式的字母比较符合民族形式，具有历史来源。

胡乔木、周有光等认为毛泽东建议采用民族形式的字母是受到斯大林的影响。胡乔木曾回忆说："汉字简化、汉语拼音方案，同毛主席的指导分不开。这件事的起因是毛主席同斯大林谈话，斯大林提出汉字太难认，是否可以搞一个民族化的拼音方案，不一定按照别国的字母来设计。"②斯大林是否曾向毛泽东提出拟制中国民族形式的拼音字母的建议，目前还没有得到档案史料的佐证。毛泽东第一次访问苏联期间，曾和斯大林谈到语言文字的问题。据当时俄国驻华参赞，全程参与毛泽东与斯大林会谈并担任翻译工作的费德林说，斯大林在与毛泽东会谈时说道，语言是表达思想的工具，是不带阶级性的。毛泽东也赞同这一观点，并进一步指出，尽管中国语文不易掌握，但只要人们肯努力学习，中国语文也是不分地位和阶级的③。斯大林和毛泽东会谈时是否讨论了汉字拼音化改革和字母形式的问题是存疑的。不过，从1953年1月13日斯大林和郭沫若的谈话内容看，斯大林此时仍不清楚中国通过什么办法来解决汉字难学的问题。在郭沫若向他介绍了汉字拉丁化和中国政府为西康彝族制订拉丁化拼音文字的基本情况之后，斯大林表示赞同④。这也可见斯大林是支持中国采用拉丁字母的。

---

① 中共中央党史和文献研究院编：《毛泽东年谱》（第5卷），中央文献出版社2023年版，第98页；周有光也有相似评价，可参见周有光：《回忆汉语拼音方案的制订过程》，《周有光文集》（第14卷），中央编译出版社2013年版，第204页。

② 胡乔木：《胡乔木回忆毛泽东》（增订本），人民出版社2014年版，第23页。

③ 费德林：《在和斯大林会谈的日子里》，张静如主编：《毛泽东研究全书（家世编·海外编）》（第6卷），长春出版社1997年版，第5762页。费德林在中国前后生活了12年，毛泽东第一次访问苏联时，他参加了全程的翻译工作。1937年，他毕业于莫斯科东方学院中国部，后又进入研究生班学习。1939年至1948年，他在苏联驻华大使馆工作。1950年至1952年，他任苏联驻华使馆参赞。

④《郭沫若、宋庆龄和斯大林的谈话记录》（1953年1月13日），张柏春：《郭沫若、宋庆龄与斯大林的一次谈话》，《百年潮》2008年第5期，第46页。

二、关于拼音字母形式的争议

从 1949 年中国文字改革协会成立起，到 1955 年 8 月 31 日止，来自不同职业和工作岗位的中小学教师、解放军、志愿军、工矿企业职工、机关工作人员、学生、华侨等 633 人向中国文字改革研究机构寄来了 655 种拼音方案。这些拼音方案主要包括：第一类是汉字笔画式，即用简单汉字、偏旁部首或者汉字笔画做字母；第二类是拉丁、斯拉夫字母式；第三类是速记式，也就是按照位置、大小、长短、方向等变化，用简单的线条来表示不同的字母；第四类是图案式的，用一些基本图形按照一定的规则来构成一套字母；第五类是用阿拉伯数字来做字母[①]。这 655 种、5 大类不同形式的拼音方案体现出社会各界对于采用何种形式的字母存在着不同的认识。其中，采用民族形式字母还是采用拉丁字母是社会各界关注的焦点问题。

文字学者唐兰是当时反对采用拉丁字母而主张创制民族形式拼音文字的代表人物。他虽然支持汉字改革，但他反对采用拉丁字母来创制中国的拼音文字，而主张创制综合文字。这种综合文字就是保留最少数量、最常见、最通用的汉字，再加上新形声字（用切音字母替代旧声符）组合而成的。唐兰认为采用拉丁字母有如下缺点：其一，"在群众里面，民族形式比较容易接受"；其二，由于中国语言的同音字太多，易于混淆，拉丁字母并不能解决这个问题[②]。实际上，唐兰主张创制民族形式的综合文字，也就是用汉字系字母和一部分最简单的常用汉字结合起来组成新文字，而不能单独造全新的拼音文字系统。这个观点主要是基于学术角度提出了他自己的文字改革思路。在社会思想层面，也有人从意识形态角度以

[①]《叶籁士代表的发言》，全国文字改革会议秘书处编：《全国文字改革会议文件汇编》，文字改革出版社 1957 年版，第 171—172 页。

[②] 唐兰：《中国文字改革的基本问题和推进文盲教育儿童教育两问题的联系》，《人民日报》1949 年 10 月 9 日，第 5 版。

"反买办""反帝"等名义反对采用拉丁字母，因为他们认为英、美帝国主义国家都用这套工具。这个观点就将拼音字母的使用与"反帝"和"爱国"思想强行联系起来讨论了。

从 1949 年至 1952 年间，在毛泽东没有对汉语拼音字母的制订原则做出表态之前，文字改革工作者大都同意吴玉章的意见，主张采用国际化拉丁字母来制订拼音方案。语文研究者杜子劲的观点具有一定的代表性，他曾详细辨析了文化民族化和字母国际化的关系。他认为文化是民族的，而文字形式却可以是国际化的，两者并不冲突。用拉丁字母来拼写汉语在文化上不会消灭民族特性。比如，欧美各国和苏联各少数民族语文拉丁化之后，都仍保有他们的民族特性。用拉丁化字母拼写汉语，语音、语法和修辞以及思想内容并没有改变，这样记载下来的文化还是民族的。不过，唐兰以"新民主主义文化是民族的科学的大众的文化"这一论断来反对国际化拉丁字母。杜子劲反对此说，他认为只有采用国际化字母作为文化的工具，才能更好地建立新民主主义文化，更加方便地推动中华文化与世界进步文化的交流和发展。如果民族形式妨碍了新文化的发展，宁可放弃民族形式而倒向国际化[①]。

另一位文字改革工作者曹伯韩也赞同杜子劲的观点，并进一步揭示了字母形式的决定因素。他指出，语言文字是文化的一种民族形式，但民族形式的实质"不是文字的笔画或字母，而是文字所代表的声音和意义——语言"。文字包含字形、字音和字义三个因素，"字音和字义直接结合着语言，是文字的内容，具有民族性"。欧洲各国虽同用拉丁字母，但由于各国语言不同，写出来的文字就成为英文、法文等各种不同的文字。字形是文字的形式，"不一定就是民族的，也可能是国际性的"。比如，英法德各国文字代表着不同的语言，字音、字义各不相同，但字形却是用拉丁字母拼成的。日本、朝鲜、越南等国都曾使用过汉字来拼写本国语言，但最后都将汉字民族化了（打破汉字的读音、改变汉字的意义、另造新字），使

---

① 杜子劲：《中国文字改革运动中几个问题》(1949 年 12 月 8 日)，杜子劲编：《一九四九年中国文字改革论文集》，大众书店 1950 年版，第 184—185 页。

之适合记录他们的语言。所以说，只要汉语本身没有改变，借用国际字母来拼写汉语，这并不违反民族文化的发展规律[①]。曹伯韩进一步比较了民族形式字母和拉丁字母的优劣，民族形式字母的缺点在于：由于受到方块字形的束缚，注音字母挤在一起，大小不等，长短不一，疏密不同，既欠美观，也难书写，排字打字等也不方便。拉丁字母的优势在于：它是国际通用的，用拉丁字母拼写汉语，有利于我们吸收国际先进科学文化，促进中外文化交流，在印刷和书写上也比较美观和便利[②]。

值得注意的是，1952年初，随着毛泽东关于文字改革的指示公开化，一些文字改革工作者的思想认识发生了很大变化。韦悫指出，只有符合民族形式的拼音文字才能合乎我们的需要。所谓民族形式一般理解就是汉字形式，为了使拼音文字具备汉字形式，就要以汉字笔画为基础，加以必要的排列和必要的改变，来制订一套字母和拼音的规则[③]。曹伯韩这个时候也改变了先前支持采用拉丁字母的看法，转而支持民族形式的字母。他认为，制订拼音字母要有一定的历史根据。民族形式的拼音字母容易得到大众欢迎，因为"汉字已经沿用很久，人们对它发生深厚的民族感情，新的文字在形式上如果和它有一些关系，人们就感到这是自己的东西"。如果采用非民族形式字母，在推行上遇到的阻力就要大得多，特别是用惯了汉字的部分知识分子对改用外国字母，首先在民族情感上就难以接受。另外，用26个拉丁字母拼写汉语，有些语音如ch、zh、sh等不能采用单一的字母拼读，创制民族形式字母可以造得更合理一些[④]。由此观之，除了拼音技术和语言特点方面的要求之外，支持民族形式拼音字母的主要理由不外是：采用民族形式字母可以尊重自己的历史，不割断历史，比较容易为

[①] Boxan:《关于文字改革的两个问题的商榷》,《新语文》第17期,《光明日报》1950年8月13日,第7版;曹伯韩:《新语文运动中的一些思想问题》(1951年),《语文问题评论集》,东方书店1954年版,第8—10页。

[②] Boxan:《文字改革的几个问题》,《人民日报》1949年10月25日,第5版;曹伯韩:《新语文运动中的一些思想问题》(1951年),《语文问题评论集》,东方书店1954年版,第8页。

[③] 韦悫:《为什么我们需要拼音文字》,《中国语文》1952年第1期,第6页。

[④] 中国语文杂志社编:《中国文字拼音化问题》,中华书局1954年版,第58、65—66页。

群众所接受，符合民族情感。在1956年汉字拼音方案草案征求意见的过程中，康郎、林起等都依此理由支持民族形式的字母[①]。

韦悫、曹伯韩等都是中国文字改革研究委员会的成员，他们这个时候改变先前的观点转而支持民族形式字母显然受到了毛泽东指示的影响。不过，经过文字改革工作者的共同研究和试验，最后还是转回支持拉丁字母。

近代以来，除了受日本和欧美的影响之外，中国的汉字拉丁化运动也受到了苏联方面的影响。新中国成立之初，苏联专家对中国的字母选择问题持何种态度呢？有苏联专家就告诫中国的教育工作者应该创造自己的拼音字母。1950年8月，中央教育部的工作人员和苏联专家阿尔辛节夫商谈中国的扫盲教育问题。阿尔辛节夫指出，改革文字是整个国家的大事情，应该创造一种新的注音字母，"字母应当是中国字母，不要采取拉丁字母或俄文字母"；因为"字母是代表发音的，每种民族都有它特殊的发音，中国人有中国自己的发音，只采用现成的拉丁字母或其他外国字母，是不能解决中国人的发音问题的"[②]。采用何种拼音字母，要以汉族"活的发展的语言本身"为依据，除此之外，还要考虑到本民族的历史的、经济的因素和其他要素。阿尔辛节夫提出的这个意见，引起了上海、厦门等地文字改革工作者批评性的反应。中国文字改革工作者认为中国不需要发明和创造汉语字母，可以采用现成的拉丁字母。阿尔辛节夫对此表示，他支持中国人学习拉丁民族创造拉丁字母的科学方法以及借用一定数目的拉丁字母，但不能将拉丁字母全套搬过来，用在活的、正在发展的汉语上。还有一些中国的文字改革者以"国际主义利益"为论据支持拉丁字母。阿尔辛节夫特别提到，汉字采用拼音字母的最高原则，是要考虑到这种"语文本身的利益，它的生存与发展的利益"以及"中国人民的利益"。无论多紧密的国际关系都不能消除各民族语言发音上的差别，世界上没有一套现成

---

① 本社编：《汉语拼音方案草案讨论集》（第2辑），文字改革出版社1957年版，第142—144页。

② A·Π·阿尔辛节夫，李敬永译：《关于扫除文盲开展工农教育问题的解答》，《人民教育》1950年第5期，第11页。

的字母能够一字不改地完全适应汉语的需要，中国的语文学者应该创造真正适应现有汉族语言需要的一套字母①。尽管中国的文字改革工作者当时并没有创造全新的字母，但后来在制订汉语拼音方案中也是依据中国的语言特点和实际需要来修正了拉丁字母的用法。

苏联专家是否要求中国采用俄文字母也是值得进一步商榷的问题。据当时参与其事的叶籁士后来回忆说："1955年那个时候，科学院聘请了一位苏联语言学专家来我国工作。他曾不止一次向我鼓吹汉语拼音方案采用俄文字母，理由是俄文字母有三十几个，比拉丁字母更能适应汉语的需要。他还向吴玉章同志提过这件事，企图对我们施加影响。我们没有接受，我们拒绝了他的建议。"②叶籁士这里所说的苏联专家应是指谢尔久琴柯，他是当时中国科学院语言研究所的苏联顾问。但是，从谢尔久琴柯在1955年全国文字改革会议上所作的报告来看，他是支持采用拉丁字母的。谢尔久琴柯认为，对于汉语来说，最容易而又最合理的是创制一种严格的拼音的、语音字母的文字，而不是按照注音字母类型创立的字母。他觉得瞿秋白等采用拉丁字母制订的中国拉丁化新文字是非常有价值的，因为这套字母完全是根据语音字母的原则创制，照顾到了汉语的音位结构，易教易学，在电报、印刷和打字方面也完全适用③。这一主张和当时参会人员的描述是一致的。当时参会的浙江省副厅长李微东会后回到浙江传达全国文字改革会议精神时就明确指出"苏联专家的意见要拉丁化"④。

倒是一些中国学者主张采用俄文字母。1956年2月，中国文字改革研究会发布汉语拼音方案草案，向社会征集修改意见。在讨论汉语拼音方案

① A·П·阿尔辛节夫，李敬永译：《关于汉字采用拼音字母问题》(1950年12月4日)，《人民教育》1951年第3期，第33页。

② 叶籁士：《关于文字改革的几个问题》(1981)，中华全国世界语协会编：《叶籁士文集》，中国世界语出版社1995年版，第245—246页。

③《关于中国文字的几个问题：中国科学院语言研究所苏联顾问谢尔久琴柯教授在全体会议上的报告》，全国文字改革会议秘书处编：《全国文字改革会议文件汇编》，文字改革出版社1957年版，第67—68页。

④《教育厅李微东同志汇报文字改革会议情况》(1955年11月8日)，华东师范大学中国当代史研究中心编：《中国当代民间史料集刊12 沙文汉工作笔记：1955年》，东方出版中心2016年版，第374页。

的过程中，陈出新、林祥伯、王敬骝等提出中国的拼音方案应该采用俄文字母，主要理由是：第一，俄文字母经过修正，能够拼写汉语、俄语和吸收其他外来语，并且还有苏联先进的翻译经验可供参考。在打字、用纸、时间等方面，俄文字母比拉丁字母更为经济方便。第二，苏联的科学文化已经达到世界先进水平，采用俄文字母制订汉语拼音方案，便于今后中国工人和农民直接学习俄文，并进而学习苏联先进的科学技术，可以加快中国社会主义建设。第三，拉丁字母太少，不能照顾到中国境内少数民族语言的特点（拥有大量音位的民族语言），采用俄文字母不仅能解决音位复杂的民族语言问题，也能统一各民族的拼音字母。第四，由于中苏同盟关系的日益加强，两国文化交流空前频繁，采用俄文字母，汲取苏联科学文化方面丰富的词汇正是我国社会主义文化发展所必需的，同时，也可以促进中苏两国语言的接近，节约国人学习俄语的精力和时间，方便苏联专家对中国的帮助，巩固中苏友谊。第五，由于帝国主义对中国的长期侵略，劳动人民对于拉丁字母，在思想上总有些抵触。以苏联为首的社会主义阵营是世界政治、经济、文化的中心，俄文又是我们必学的第一外国语，所以采用俄文字母是符合时宜的[①]。

采用俄文字母的建议明显反映出当时的国际形势和中苏关系这种外在的政治因素对知识分子的文字改革思想产生了很大影响。当然，反对采用俄文字母的人还是占据多数的。刘树穆、邱义兴就认为俄文字母在自然科学和人文科学的使用范围上不如拉丁字母广泛；俄文字母对别的民族的适应性不如拉丁字母；拉丁字母在我国的历史和群众基础也比俄文字母强得多等[②]。至于有人从"反帝"的国际无产阶级角度支持俄文字母而排斥拉丁字母，这种观点实际上将字母与政治混为一谈。在20世纪50年代采用拉丁字母的不仅有英、美等资本主义国家，东欧社会主义国家和越南、印尼等都采用了拉丁字母。诚如周有光所言，作为文化工具的字母，跟作为

① 本社编：《汉语拼音方案草案讨论集》（第2辑），文字改革出版社1957年版，第136—137、144—145、146—147页。

② 本社编：《汉语拼音方案草案讨论集》（第4辑），文字改革出版社1958年版，第58、73页。

交通工具的火车、汽车、轮船、飞机一样，是没有阶级性、民族性的。只要是优良的工具，任何国家都可以使用它[①]。

综上所述，一些知识分子和文字改革工作者对于采用何种形式的字母是言人人殊的，他们各自从语言学、文字学乃至政治和文化、民族心理等角度论证民族形式字母、俄文字母和拉丁字母的优劣，无论从中取舍哪一种，都有可能令其他人产生反对意见。但此事不能仅仅停留在理论层面的争议，还需要在实践层面加以研究和试验。

三、汉语拼音方案的颁布

在 1952 年到 1954 年期间，中国文字改革研究委员会依照毛泽东的指示进行了汉字笔画式拼音方案的研究工作。中国文字改革研究委员会拼音方案组内部一开始对于如何理解和拟制民族形式的拼音字母存在不同的理解和认识。1952 年 3 月 17 日，中国文字改革研究委员会拼音方案组召开第一次会议。会议就中国拼音文字字母的制订进行了讨论。会上大致有三种观点：黎锦熙主张就注音字母略加修改；丁西林、陈家康等主张新创一种字母；吴玉章、韦悫、林汉达等赞成打破界限，不限于注音字母，可采用现行汉字和一部分外文字母。会议还就什么是"民族形式"进行了讨论。大部分委员认为民族形式是指文字如何确切地表现本民族的语言，新方案应以汉语为基础并照顾少数民族语言。关于字母形式，多数人认为应做到力求美观、容易辨认，便于从左至右书写不受汉字束缚[②]。1952 年 4 月 22 日，中国文字改革研究委员会拼音方案组召开第二次会议。会议讨论了中国拼音字母的一个原则问题：在拼音字母民族化的原则下，是否可以就注

---

① 周有光:《叫世界最通用的字母替汉语服务》(1955 年),《周有光文集》第 14 卷,中央编译出版社 2013 年版,第 119—120 页。

②《文字改革》杂志编辑部编:《建国以来文字改革工作编年记事》,文字改革出版社 1985 年版,第28 页。

音字母略作必要的修改，不要变动过大①。1952年8月26日，中国文字改革研究委员会召开第二次全体委员会议。吴玉章介绍了拼音方案组工作的情况，并将初拟的三种拼音方案提交会议讨论。韦悫谈了拼音方案组拟订方案的三个原则：民族形式、在注音字母的基础上进行必要修改和音素化。会议经过讨论决定：因为注音字母已有群众基础，尽量不改，要改须有一定的根据和原则②。

1953年初，中国文字改革研究委员会将拼音方案组所拟制的汉字笔画式拼音方案的字母草稿送交毛泽东审阅。同时，胡乔木也向毛泽东及时反映了中国文字改革委员会内部讨论民族形式字母的实际情况，还找了一些反映世界字母文字发展情况的书供毛泽东参考③。此后，胡乔木向中国文字改革研究委员会领导同志转述了毛泽东对这套民族形式字母的看法："在拼音的方法上虽然简单了，但笔划还是太繁，有些比注音字母更难写。拼音文字不必搞成复杂的方块形式，那样的体势不便于书写，尤其不便于速写。汉字就因为笔划方向乱，所以产生了草书，草书就是打破方块体势的"；"拼音文字无论如何要简单，要利用原有汉字的简单笔划和草体，笔势基本上要尽量向着一个方向（'一边倒'），不要复杂；方案要多多征求意见加以改进，必须真正做到简单容易，才能推行"④。很显然，毛泽东对这套民族形式的字母草稿并不满意。接到毛泽东的审阅意见之后，中国文字改革研究委员会召开会议讨论毛泽东对文字改革工作的最新指示。委员们一致认为，接下来应该扩大研究范围，比如研究日本、朝鲜等国的字母，研究出更简易的字母方案来⑤。不过，此时委员们对于民族形式问

---

① 《文字改革》杂志编辑部编：《建国以来文字改革工作编年记事》，文字改革出版社1985年版，第30页。

② 《文字改革》杂志编辑部编：《建国以来文字改革工作编年记事》，文字改革出版社1985年版，第33—34页。

③ 郑林曦：《新中国文字改革工作的关键人物》，《语文建设》1993年第9期，第39—42页。

④ 《给马叙伦的信》（1953年5月22日），中共中央党史和文献研究院编：《建国以来毛泽东文稿》（第8册），中央文献出版社2023年版，第290页，第4条注释。

⑤ 《中国文字改革研究委员会第三次全体会议的讨论记录摘要》，《中国语文》1953年第6期，第34页。

题依然存在不同的认识：一种观点认为凡是一套字母能把汉语的特点拼写出来的，就是民族形式；另一种观点认为字母形式要接近汉字①。

　　与此同时，社会各界对创制拼音方案也极为关注。从1950年10月至1953年7月，中国文字改革研究委员会共收到社会各界人士寄来的194种新文字拼音方案。寄来方案的社会群体包括从专家到农民，从教员、学生到革命军人，从本国人民到外国朋友。从字母的形式来看，主要来源于汉字偏旁、笔画和注音字母而制作的方案以及采用拉丁字母或者借用斯拉夫字母而拟成的方案。实际上，中国文字改革研究委员会对于民间所提的拼音方案都不大满意，认为采用拉丁字母拼音方案固然有诸多缺点，但民族形式的拼音方案大多数拘泥于汉字形式，有的还增加意符，创制新形声字，造成笔画既多，构形也复杂，"群众是不好记不好用的"②。

　　1954年底，中国文字改革研究委员会改组成为中国文字改革委员会，除了汉字简化工作之外，中国文字改革委员会同时继续进行拼音方案的研究工作。中国文字改革委员会拼音委员会根据过去几年来拟订拼音方案工作的经验并参考各地同志寄来的拼音方案和关于拼音方案的意见，也参考了从利玛窦以来到新中国成立之前300多年间的几十种主要的汉字拼音方案，此外还参考了越南、朝鲜、日本等国家对于文字改革的研究和经验，准备拟制拼音方案的若干原则。不过，关于字母形式问题，汉语拼音方案到底用新创的汉字笔画式的字母，还是用国际通用字母，中国文字改革委员会拼音方案委员会没有作出最后的结论。拼音委员会委员认为这两种字母形式各有优点和缺点。汉字笔画式字母的优点：接近或比较接近汉字，"便于给汉字注音并和汉字夹用；便于表达汉语音韵的特点；不受现成字母数目的拘束，因而字形简短"。采用汉字笔画式的缺点在于：新创字母，"不容易为大家一致接受；不便横写连写，连写之后不象汉字；字母笔画

---

　　①《文字改革》杂志编辑部编：《建国以来文字改革工作编年记事》，文字改革出版社1985年版，第39页。

　　② 中国文字改革研究委员会秘书处：《各地寄来拼音方案整理报告》(1950年10月到1953年7月)，《中国语文》1953年第11期，第26—28页。

不容易十分简单明确；字母数目过多，不很适应打字、排字、电报等机器的要求"。国际通用字母的优点在于："简单明确，便于横写连写；这些字母本来非学不可，数学、化学、物理都得用它；便于拼写方言和国内其他民族的语言；便于国际文化交流；能适应打字、排字、电报等机器的需要。"缺点在于："有些人认为这是外来的字母，思想上有抵触；字母数目受限制；字母发音不能过份违反国际习惯；音节较长。"[①]应该说，这是当时文字改革工作者通过讨论和研究之后得出的平实之见。从中国文字改革委员会的内部意见来看，对于选用何种形式的字母，文字改革工作者亦难以决断。

从1955年3月至10月间，中国文字改革委员会拼音方案委员会共开过10次全体会议，18次分组会议。在这期间拼音委员会进行了关于拼音方案原则的讨论，主要包括标准音问题、音节结构问题、声调问题和字母形式问题。在无法决定汉语拼音方案采用何种字母形式的情况下，为了进行对比研究，拼音方案委员会分成甲、乙两个小组，分组讨论和拟定具体方案。甲组的任务是讨论和拟定汉字笔画式拼音方案。吴玉章、丁西林、黎锦熙根据注音字母分别拟制了三种民族形式字母；陆志韦、郑林曦拟制了汉字笔画式音素字母[②]。甲组经过多次讨论，仍不能选定将哪一种作为推荐方案。乙组的任务是讨论和拟订国际通用字母拼音方案。经过讨论和研究，做出了一套拉丁字母式拼音方案草案和一套俄文字母式方案，最后决定把拉丁字母方案作为国际通用字母类型的推荐方案。1955年10月，在全国文字改革会议上，拼音方案委员会提出四种汉字笔画式方案草案，一种斯拉夫字母式的方案草案，一种拉丁字母式的方案草案，分发给到会代表征求意见[③]。但实际上，这次会议并没有讨论汉字笔画式字母方案，语

---

① 《叶籁士代表的发言》，全国文字改革会议秘书处编：《全国文字改革会议文件汇编》，文字改革出版社1957年版，第174页。

② 周有光：《回忆汉语拼音方案的制订过程》(1998年)，《周有光语言学论文集》，商务印书馆2004年版，第182页。

③ 《叶籁士代表的发言》，全国文字改革会议秘书处编：《全国文字改革会议文件汇编》，文字改革出版社1957年版，第174—175页。

文学界对此也没有积极响应。

中国文字改革委员会内部对于如何理解民族形式以及如何拟制汉字笔画式拼音方案始终存在着不同的意见，大家虽然同意以注音字母为基础来拟制民族形式的汉语拼音方案，但经过多次讨论和研究，这些汉字笔画式的字母方案都难以取得令各方满意的效果。所以，全国文字改革会议以后，中国文字改革委员会党组和教育部党组共同就文字改革工作问题向中央呈送请示报告。这份请示报告指出："三年多来，文改会（注：中国文字改革委员会）做了不少关于拼音方案的研究工作，并收到全国各省、市、自治区和海外寄来的汉语拼音方案共计六百五十五种。今年三月以来，拼音方案委员会开过二十八次会议，经过自由讨论，关于方案的意见已逐步取得一致"。这个一致的意见是：为了在全国范围大力推广普通话，应该尽早制订拼音方案。因为"注音字母笔画繁杂，笔势不顺，方向纷乱，书写不便，在记录方言和拼写少数民族语言方面都有困难，因此不可能作为我国将来拼音文字的字母，迟早要用别的字母来代替。但是如果等到将来再改，则不如现在就改，否则在教学和出版印刷方面徒然浪费许多人力物力，并增加将来改变时的困难。总政治部以及小学教科书编辑人员都有这样的意见，希望及早采用新的拼音字母"[1]。随后，中共中央开会讨论此项报告，同意报告意见，并由胡乔木代拟中央对中国文字改革委员会报告的批示（即《中共中央关于文字改革工作问题的指示》）。此件经毛泽东、刘少奇、邓小平、杨尚昆等阅批之后印发[2]。

1956年1月20日，中央召开知识分子问题会议，吴玉章先在会上作了关于文字改革的发言，毛泽东在随后的讲话中解释了字母问题：

会上吴玉章同志讲到提倡文字改革，我很赞成。在将来采用拉丁字母，你们赞成不赞成呀？我看，在广大群众里头，问题不大。在知识分子

---

①《关于全国文字改革会议的情况和目前文字改革工作的请示报告》(1955年11月23日)，中共中央文献研究室编：《建国以来重要文献选编》(第8册)，中央文献出版社2011年版，第86—87页。

②《致杨尚昆》(1956年1月19日)，《胡乔木传》编写组编：《胡乔木书信集》(修订本)，人民出版社2015年版，第113页。

里头，有些问题。中国怎么能用外国字母呢？但是，看起来还是以采取这种外国字母比较好。吴玉章同志在这方面说得很有理由，因为这种字母很少，只有二十几个，向一面写，简单明了。我们汉字在这方面实在比不上，比不上就比不上，不要以为汉字那么好。有几位教授跟我讲，汉字是"世界万国"最好的一种文字，改革不得。假使拉丁字母是中国人发明的，大概就没有问题了。问题就出在外国人发明，中国人学习。但是外国人发明，中国人学习的事情是早已有之的。例如，阿拉伯数字，我们不是久已通用了么？拉丁字母出在罗马那个地方，为世界大多数国家所采用，我们用一下，是否就大有卖国嫌疑呢？我看不见得。凡是外国的好东西，对我们有用的东西，我们就是要学，就是要统统拿过来，并且加以消化，变成自己的东西，我们中国历史上汉朝就是这么做的，唐朝也是这么做的。汉朝和唐朝，都是我国历史上很有名、很强盛的朝代。他们不怕吸收外国的东西，有好东西就欢迎。只要态度和方法正确，学习外国的好东西，对自己是大有好处的。①

　　这段讲话表明，毛泽东认可了吴玉章和大部分文字改革工作者的主张，放弃了先前提出的采用民族形式字母的初议，转而支持采用拉丁字母来制订汉语拼音方案。至于有些知识分子将选用何种形式的字母方案上升到爱国和不爱国的政治高度来评价，毛泽东对此也表明了自己的态度：拉丁字母虽是外国字母，但选用拉丁字母并不是卖国，只要对中国有用的外国东西都可以为我所用，并且可以把它变成民族化的文化工具。这种文字改革思想符合毛泽东一贯倡导的"古为今用、洋为中用"的方法论要求，"大量吸收外国的进步文化，作为自己文化食料的原料"②，创造本民族的

---

　　① 毛泽东关于文字改革问题的这段讲话内容主要转引自当时参会人员叶籁士的记录［参见叶籁士：《关于文字改革的几个问题》(1981)，《叶籁士文集》，中国世界语出版社1995年版，第245页］。相关讲话内容也可参见其他资料，但各处记录的详略稍有不同［参见《在知识分子问题会议上讲话》(1956年1月20日)，《毛泽东思想万岁》(1949.10—1957.12)，编印者不详，1968年，第83页；中共中央党史和文献研究院编：《毛泽东年谱》(第5卷)，中央文献出版社2023年版，第514页］。

　　② 毛泽东：《新民主主义的政治与新民主主义的文化》(1940年1月15日)，《中国文化》1940年创刊号，第23页。

新文化。1956年1月27日，中共中央正式发出《关于文字改革工作问题的指示》，该指示明确指出："为了推广普通话和辅助扫盲教育中的汉字注音，汉语拼音方案应该早日确定。中央认为，汉语拼音方案采用拉丁字母比较适宜。"[①]

　　1956年2月，中国文字改革委员会发表汉语拼音方案草案。经国务院同意，中国文字改革委员会将汉语拼音方案草案送请中国人民政治协商会议全国委员会和各省、市、自治区政治协商委员会分别组织座谈讨论，征求各方意见[②]。1956年10月，国务院设立"汉语拼音方案审订委员会"。此审订委员会和中国文字改革委员会根据各方所提意见，经多次会议、座谈及讨论，于1957年10月提出修正草案。1957年11月1日，国务院全体会议第六十次会议通过和公布《国务院关于公布汉语拼音方案(草案)的决议》[③]。1958年2月11日，第一届全国人民代表大会第五次会议审议并通过了汉语拼音方案。至此，经过国家最高权力机关全国人民代表大会的批准，汉语拼音字母和汉语拼音方案正式确定下来了[④]。

汉语拼音方案（影印）

---

①《中共中央关于文字改革工作问题的指示》(1956年1月27日)，中共中央文献研究室编：《建国以来重要文献选编》(第8册)，中央文献出版社2011年版，第78页。

②《中国文字改革委员会发表汉语拼音方案(草案)》，《人民日报》1956年2月12日，第1版。

③《国务院关于公布汉语拼音方案(草案)的决议》，《人民日报》1957年12月11日，第1版。

④《全国人民代表大会关于汉语拼音方案的决议》，《文字改革》1958年第3期，第1页。

（1958年全国人民代表大会第五次大会通过的汉语拼音方案字母表，上一行是拉丁字母，下一行是民国时期就已经制定出来的汉字笔画式注音字母）

由于拉丁化新文字是在苏联产生的，斯大林也支持新中国汉字拼音化改革，有学者据此认为，新中国的文字改革是苏联大国沙文主义侵略的结果，是苏化的产物。这是一种没有根据的曲解。如前文所述，以拼音字母的确定过程为例，尽管20世纪50年代初期中国对苏联实行"一边倒"的外交政策，与苏联建立了同盟关系，国内一些知识分子也主张采用俄文字母，与苏联结为"文字同盟"。但是，中共中央和文字改革工作者主要考虑的是民族形式字母和国际化拉丁字母的两种方案。为了确定字母方案，文字改革工作者通过研究和试验发现，为了保存汉字形式，用汉字笔画来创造字母有着难以克服的缺点。党中央在综合各方面意见和分析各种字母方案的利弊之后，认为采用拉丁字母是适宜的。正如叶籁士后来所评价的，"毛泽东同志在这个问题上是严肃认真的，是对人民负责的。最初他从民族心理的角度，认为拼音字母要采取民族形式，后来经过认真的调查研究，他得出了新的结论，认为还是以采取拉丁字母为好"[1]。

从各种角度对比来看，相比于民族形式字母和俄文字母，采用拉丁字母的优势在于：

其一，从明清到民国，不管是外国人还是中国的文字改革者都曾使用过拉丁字母来拼写汉语，并且产生了一定的社会影响，拉丁字母在中国的使用已经有相当久远的历史传统，具有一定的群众基础。如果不用拉丁字母，而是新造汉字笔画式字母，这样既没有历史基础，也缺乏群众基础，难以取得各方满意，推行起来也会遇到障碍。

其二，在数学、几何学、化学和物理等科学领域，国际通用的术语都是用拉丁字母来表示的。采用拉丁字母不但有利于吸收西方先进科学文化，也有利于中国文化的对外传播。

---

[1] 叶籁士：《关于文字改革的几个问题》(1981年)，中华全国世界语协会编：《叶籁士文集》，中国世界语出版社1995年版，第246页。

其三，拉丁字母数目精少、笔画简单、造型清楚，在阅读和书写上都很方便。汉字笔画式字母如注音字母笔画曲折，不容易连写，若强行连写，则会使得字形繁复，阅读不清，费时费力。注音字母有 37 个之多，部分字母代表着两个音素，不便于变化，造成数目繁多且灵活不足等问题，所以用它拼写方言、少数民族语言和外语中的专有名词，非常不方便。

其四，采用拉丁字母而没有采用俄文字母，是因为拉丁字母应用范围更广，读音也比较容易变通。另外，俄国也学习拉丁字母，中国周边国家采用拉丁字母的也比较多。中国采用拉丁字母并不损害中苏两国的文化交流，同时也便于与东南亚及世界各国的交流。

其五，有些人误认为采用拉丁字母不符合人民的爱国情感。党的领导人和中国文字改革委员会的主要负责人都指出，采用一种有利于我国经济和文化发展的字母，是"完全符合于爱国主义的原则的"。虽然拉丁字母的产地是来自外国，但作为一种语言表达工具，它的应用范围是没有阶级和国别之分的。只不过，中国不是全盘搬用拉丁字母，而是将它经过适当的修正和补充之后，使之能完全拼写汉语，能够表达汉语的特点。采用拉丁字母之后，它的读法和用法完全是汉语的读法和用法，所以称之为汉语拼音字母，而不是外国文字的字母[1]。

以上基本观点实际上反映了新中国成立之初党中央和大部分文字改革工作者对于采用拉丁字母的集体共识。尽管汉语拼音方案颁布以后，有些知识分子对字母形式仍然存在着争议，但六十多年以来，汉语拼音方案在文化教育、科技应用和国际交流等方面发挥了重要作用，对人民的社会生活也产生了积极影响。历史实践证明，党和政府选择拉丁字母作为汉语拼音字母是正确的决策。

---

[1] 相关言论可参见中国文字改革委员会：《关于拟订汉语拼音方案（草案）的几点说明》，《人民日报》1956 年 2 月 12 日，第 2 版；吴玉章：《关于当前文字改革工作和汉语拼音方案的报告》，《人民日报》1958 年 2 月 14 日，第 2 版；周恩来：《当前文字改革的任务》，《人民日报》1958 年 1 月 13 日，第 2 版；胡乔木：《〈汉语拼音方案（草案）〉的几点说明》（1958 年 1 月 10 日），《胡乔木传》编写组编：《胡乔木谈语言文字》（增订本），人民出版社 2015 年版，第 175—178 页。

第四章　知识界关于汉字拼音化的思想争论

1955年1月，中国文字改革委员会发布《汉字简化方案草案》，并印制三十万册单行本分发全国各地，向社会各界人士征集意见。单行本的最后一页是征询意见的表格，其中印着四个问题，开头第一个问题就是"中国文字改革要走拼音文字的方向，你是不是同意？"从各地反馈的统计资料来看，绝大多数人都同意汉字走拼音化道路。1955年2月14日，在中国文字改革研究委员会收到的1000份意见表中，有80.7%的人同意走拼音文字的方向，有3.7%的人不同意，其余没表示意见①。1955年4月中旬，根据中国人民解放军各部首批讨论意见表的统计，参加讨论的人数共有3739人，其中同意走拼音方向的3661人，占98%；不同意的38人，占1%；未表示意见的40人，占1%②。1955年4月，江苏省根据63个市县的报告（包括13549人的意见）统计，同意拼音方向的有13067人，占96.4%；不同意的有223人，占1.6%；没有表示意见的有259人，占2%③。

不过，统计数据难以反映时人对拼音文字的复杂态度，特别是知识分子对于拼音文字的态度并不一致。吕叔湘当时就有这样的观察：第一种态度是赞成拼音文字，有的人还特别热心，恨不得立刻就实行；第二种态度

① 中国文字改革委员会汉字整理部整理：《各地人士对〈汉字简化方案草案〉的意见提要》（1955年2月14日以前收到的1000份意见表），《中国语文》1955年第3期，第37页。

② 《文字改革简讯》，《文字改革》第32期，《光明日报》1955年5月25日，第3版。

③ 《江苏省教育厅报告》（1955年4月23日），江苏省档案馆藏，档案号：4013-002-0411。

比较复杂，有的人一方面承认拼音文字在某些方面优于汉字，另一方面又觉得拼音文字在某些方面不如汉字，疑虑重重，不知道拼音文字究竟能否代替汉字；第三种是不赞成拼音文字，或者认为行不通，或者认为没有必要①。实际上，在看似社会支持态度占据主导局面之下，知识分子群体内部对此问题存在较大的分歧。在《汉字简化方案草案》出台前后，知识界围绕着汉字是否应该拼音化、汉字能不能拼音化等问题的思想争鸣逐渐公开化，并产生了较大的社会影响。

一、表意和拼音

1949年虽然实现了新旧政权的更替，但近代以来汉字拼音化改革的思想和主张仍旧延续到新社会。为何要进行汉字拉丁化改革，在中国推行拼音文字，这是新中国文字改革者首先要回应的社会关切问题。从内在理路来看，支持文字改革的知识分子一般都共享着这种改革理念：表意汉字并不符合文字发展的一般规律，并且也不能适应现代汉语的发展要求。从文字改革者的论证逻辑来看，他们首先建构一种文字发展的线性规律和总趋势，那就是文字必然由象形文字，经过表意或者意音阶段，最后发展成为拼音文字。比如，魏建功就认为："一般文字为语言服务的发展是依着表形、表意、表音的过程进行的。这是一连串的自然规律"②，汉字也不能例外。高名凯曾指出："文字之由象形阶段发展为表意阶段，再发展为表音阶段，是自然的趋势。"③曹伯韩、吕叔湘等也指出，文字的演变是经过表意、意音两阶段而达到纯粹的表音的，"由象形到记音，这是文字演变的自然趋势"④。用这种单一化的文字发展规律来观照汉字的演变史，就

---

① 吕叔湘：《语文常谈》，《吕叔湘全集》（第6卷），辽宁教育出版社2002年版，第258—259页。

② 魏建功：《从汉字发展的情况看改革的条件》，《新建设》1952年第2期，第24页。

③ 高名凯：《关于文字改革》（1957年5月27日），《高名凯语言学论文集》，商务印书馆1990年版，第500页。

④ 曹伯韩、张世禄、吕叔湘合著：《语言和文字》，《吕叔湘全集》（第6卷），辽宁教育出版社2002年版，第55页。

能凸显汉字拼音化的必然性。王力、周祖谟、梁东汉等都认为，汉字从象形阶段开始，随着汉字结构的发展变化，汉代以后，形声字越来越多，以致占据主要位置，"形声字的出现就是纯粹表意字和它所担负的表达有声语言的矛盾的激化及解决的结果"，这就表明汉字其实也是不断向表音方向发展的①。但是，汉字并没有发展成为拼音文字，这到底是汉语汉字内在发展规律决定的，还是外部因素造成的？对于这些问题的解答直接关系到汉字拼音化改革的合理性。

按照当时改革派知识分子的意见，汉字没有发展成为拼音文字，一是受汉字自身形体和结构的束缚。罗常培就认为，从形声、假借、转注的功用来看，古人对中国文字早就有了表音的要求和转向，"只是受汉字呆板形体的拘束，以致演进到形声就停滞不前了"②。张世禄也认为，虽然汉字的构造中内含着一些标音的成分，但由于"字体的结构有强固的保守性"，随着汉语语音变化，汉字结构中音符却失去标音的作用，汉字与汉语日益脱节③。二是特权阶级为了把持文化霸权，维护统治利益，垄断了文字的使用权，这种剥削制度进一步固化了汉字的形体变化。郑林曦认为，秦汉以来的封建王朝，"为了统治阶级的利益把这种庞杂的文字神圣化，并且施用政治力量保持着它的繁复的面目不许变更"④，两千年的封建制度进一步维持了汉字的繁杂体系。陆宗达也指出，汉字走向拼音化是它的本身发展规律，但"在过去封建社会里，这规律和要求被统治者抑制住，他们根据自己的阶级利益，把文字垄断成为阶级专政的工具，使它始终神秘化，和广大的劳动人民隔离"⑤。很显然，在支持文字改革的知识分子看来，正是受这些外在因素的束缚，汉字至今没有发展成为拼音文字。这不仅不符合文字发展的一般规律，同时也难以发挥文字大众化的社

① 王力、魏建功、周祖谟、梁东汉：《汉字改革的必要性和可能性》，《北京大学学报》（人文科学版）1956年第4期，第70—71页。

② 罗常培：《从历史上看中国文字改革的条件》，《中国语文》1952年第2期，第3页。

③ 张世禄：《汉字改革的理论和实践》，文字改革出版社1957年版，第33页。

④ 郑林曦：《中国文字为什么必须改革》，东方书店1953年版，第8页。

⑤ 陆宗达：《谈文字改革》，《文汇报》1957年10月31日，第2版。

会应用功能，违背了语言文字全民化的内在要求。汉字拼音化改革正是要打破这些外在的"枷锁"（形体和社会制度的约束），推动汉字走上拼音文字的道路，形成如周有光所想象的局面，"汉族文字向前发展，也必须把形声制度的文字改为拼音制度的文字"①。这是汉字拼音化改革所依赖的最重要的理论资源。

支持文字改革的学者对表意文字和拼音文字亦作出价值评判。比如，张世禄认为"文字越进步，越要远离于图画的形象而密切结合于语言的声音"②；周有光将拼音文字制度取代表意文字制度比喻为机器工业取代手工业，将其定性为这是"落后让位于先进的规律"，"决不因为语言特点和社会习惯的不同而有例外"③。这样一种二元价值观的提出，为汉字拼音化改革增添了更为强势的话语权。但是，以何种标准来衡量文字的优劣呢？从数量来看，使用拼音文字的国家显然要远多于使用表意文字的国家，但文字的优劣显然不能仅仅以使用者的数量和范围来决定。如果说从国力强弱来看，使用拼音文字的国家有强有弱，似乎也很难说明拼音文字的先进性。晚清以降，这种线性的社会进化论思想对知识分子的文字发展观产生了根本性的影响。不过，反对汉字拼音化的知识分子并不认同这种独断性的文字价值观。时任广东省政协委员的叶菊生就指出："中西文字各有其发展的历史，我们不能说西方文字由象形到拼音是文明，中国文字不是拼音，就是野蛮"；中山大学的教师梁仲谋也认为数千年来汉字不走拼音化道路，是有其唯物辩证法意义的。汉字是世界上特有的文字系统，许多人说它最落后，但没有提出科学依据，他很难信服，需要展开讨论④。当时极力反对文字改革的吴宓也评价说："汉字乃象形，其与拼音，至少

---

① 周有光：《从新人民币上四种文字谈起》，《文字改革》第28期，《光明日报》1955年3月30日，第3版。

② 张世禄：《汉字的改革和简化》，《文字改革》第35期，《光明日报》1955年7月6日，第3版。

③ 周有光：《文字改革和文化革命》，《中国语文》1959年第11期，第517页。

④《人民政协广东省委员会继续讨论汉字简化问题》，《文字改革》第40期，《光明日报》1955年9月14日，第3版。

各有短长。如鸟飞兽走，又如图画之于音乐，目耳以达于心。"①应该说，平等看待、评判汉字和拼音文字的价值和功用是较为理性的态度。不过，由于深受近代以来"汉字落后论"的影响，再加上文字改革工作者想急于改变新中国教育文化落后的现实状况，他们的认知思想中已经存在着汉字不如拼音文字的"偏见"。

二、汉字与汉语

汉字没有发展成为拼音文字是汉字形体和社会制度造成的吗？是否还有其他更为重要的影响因素？反对者从这点出发提出了汉字不能拼音化的理由。陈梦家认为："汉字与汉语有血肉关系，汉字是单音节，语法也是这样"②；从语言层面来看，"中国地大人多，方言杂，一种统一的文字可以通行无阻。汉语单音缀，有声调，而各地声调多少不一，同音语多，用了拼音文字自然引起许多问题"③。何方平也指出，汉语是单音节的语言，这种语言并不适合于拼音文字。汉语中的同音字无法用拼音字母精确表达，而汉字可以"向同音字加释义偏旁"的办法来表达汉语，这样就形成了单音制的汉字体系，这种体系与汉语是一致的④。这些言论主要从汉字与汉语内在的对应关系角度来反对汉字拼音化，认为拼音文字无法解决单音节语中的诸多问题。

除了汉语中的同音字（词）问题之外，方言分歧也是一些知识分子反对推行拼音文字的另一个重要原因。新中国刚成立不久，张元济就曾向毛泽东进言汉字拉丁化的严重后果："我国疆域如此寥阔，种族如此复杂，所以能至今团结成一大国者，全恃文字统一。若改用罗马字母改切汉文，

① 吴宓著，吴学昭整理：《吴宓日记续编(1954—1956)》(第2册)，北京：生活·读书·新知三联书店2006年版，第146页。

② 陈梦家：《关于汉字的前途：1957年3月22日在中国文字改革委员会的讲演》，《梦甲室存文》，中华书局2006年版，第246页。

③ 陈梦家：《略论文字学》(1957年2月4日)，《梦甲室存文》，中华书局2006年版，第239页。

④ 何方平：《文字与语言脱节问题的讨论(中)》，《文汇报》1951年9月29日，第3版。

则各省以字母、以自有之方言切成自有之文字，东西南北必不相同。语言既不相同，文字又复殊别，将来必致渐渐分离，甚为可虑。欧洲至今分为若干国，不能融合者，即由语言文字之区别。我国幸有统一之文字，万万不宜自毁。"①这一主张代表了不少学者的共同意见，陈寅恪、吴宓、杨树达、唐兰、陈梦家、王重言等都有相同担忧②。

　　文字改革者当然也看到了这点。在 1955 年举行的全国文字改革会议上，支持汉字拉丁化的苏联顾问谢尔久琴柯就指出，汉字在中国得以长久不变的原因就在于汉语和中国本身社会经济和政治发展的特点。所谓汉语的特点就是指"汉语的多方言现象和方言间语音和词汇方面的悬殊差异"，而"方言间的严重分歧"又是由中国社会的政治经济发展状况来决定的。在方言分歧严重的条件下，表意文字是一种最方便而又能团结民众的超方言文字③。郑林曦也赞同此点，他认为汉字不是纯按表示语音的原则造成的，"比较不容易受语言古今变化和方言歧异的影响"，不同方言和民族间都可以使用④；另外，汉字的发展与中国古代社会的政治经济的发展有着很大的关联，"人们可以利用单音节根词加上表意形符的办法造成代表新的单音节根词的字来适应和满足词汇发展的需要"⑤，这就使得汉字能"较好地适应于记写古代单音节词占优势的汉语，能够有效率地区别同音异义的单音节词"⑥。从这个角度来看，汉字没有发展成为拼音文字正是由于它适应了古代汉语的特点和中国社会的发展状况。

---

　　① 张元济：《张元济全集·日记》(第 7 卷)，商务印书馆 2008 年版，第 403—404 页。
　　② 杨逢彬：《重版后记》，杨树达《积微翁回忆录》，北京大学出版社 2007 年版，第 308 页；唐兰：《论马克思主义理论与中国文字改革基本问题》，《中国语文》1956 年第 1 期，第 31—32 页；陈梦家：《略论文字学》(1957 年 2 月 4 日)，《梦甲室存文》，中华书局 2006 年版，第 239 页；王重言《对于废除汉字改用拼音字的商榷》，《文字改革》1957 年第 10 期，第 38 页；吴学昭：《吴宓与陈寅恪》(增补本)，北京：生活·读书·新知三联书店 2014 年版，第 355 页。
　　③ 谢尔久琴柯，刘涌泉、阮西湖、陈鹏译：《关于中国文字的几个问题：在全国文字改革会议上的发言》，《中国语文》1955 年第 11 期，第 22—23 页。
　　④ 郑林曦：《汉字改革》，新知识出版社 1957 年版，第 11 页。
　　⑤ 王力、魏建功、周祖谟、梁东汉：《汉字改革的必要性和可能性》，《北京大学学报》(人文科学版) 1956 年第 4 期，第 73 页。
　　⑥ 郑林曦：《汉字改革》，新知识出版社 1957 年版，第 9 页。

但有些学者依据语言决定论来反对汉字拉丁化，认为汉语的特殊性质决定了它只适合于用表意的汉字来记录，这种观点似乎又欠说服力。杜松寿、李振麟指出，日语、朝鲜语和汉语属于不同语系，日本、越南、朝鲜都曾使用过汉字，但越南现在改用了拉丁字母，朝鲜全部改成拼音制的谚文。藏语、暹罗语、缅甸语和汉语属于亲属语言，可是这些语言使用的却是拼音文字①。从中可以看出，语言类型和文字符号之间没有必然的固定关系。

再来看汉字与汉语的关系。汉字在过去的存在固然有其合理性，一定程度适应了汉语的发展，但现代汉语的特点已经发生了变化。支持者认为现代汉语已经由单音节语转变为复音节语。一些学者纷纷表示，"五四"以后，随着白话文的发展，书面语用词的多音节化，已经使得口头语中的文言用语逐步减少②；汉语词汇历经近代革命和社会变迁之后有了很大变化，"尤其在这次人民革命时，广泛地、复杂地、不断地反映各方面的行为和改变，反映工农商业、技术和科学等等发展上的需要和要求，无限地添加了新的，改进了旧的"③；在社会主义建设的高度发展中，"铆钉""水泵"之类的新字新词层出不穷④。语言反映社会变迁，汉语也随之发生了很大变化。基于这些语言变化，林汉达、曹伯韩、郑林曦等指出，现代汉语中虽然有单音节的词语，但复音节词（其中大部分是双音节词）在数量上要多于单音节词，特别是在白话文中，多音节词在现代汉语中逐渐增多，单音节词已经不占优势，所以现代汉语已转变为复音节语⑤。

---

① 拓牧：《文字和语言》，《文字改革》第20期，《光明日报》1954年12月8日，第3版；李振麟：《关于中国文字改革问题的一些争论》，《语文知识》1957年第8期，第3页。

② 朱文熊、周梦贤：《普通话可以拼音：对〈普通话用拼音文字表达是否便利〉的意见》，《文字改革》1957年第8期，第26页。

③ 黎锦熙：《论斯大林所论"马克思主义在语言学中的问题"在中国文字改革运动中的问题》（1950年），《文字改革论丛》，文字改革出版社1957年版，第121—122页。

④ 唐兰：《中国文字应该改革》，《人民日报》1957年9月27日，第7版。

⑤ 林汉达：《汉语是不是单音节语？》，《中国语文》1952年第5期，第6—11页；曹伯韩：《汉语不是单音节语》，《文字改革》第21期，《光明日报》1954年12月22日，第3版；郑林曦：《汉字改革》，新知识出版社1957年版，第50页。

反观汉字，因为要适应表达古代汉语中诸多单音词，汉字很早形成了独立表意的单音节文字，可以用一个单字来表达一种概念；在汉语多音节化以后，汉字为了要应付汉语特点的变化，只能乱加形旁，增多字数，常常发生颠倒错讹和望文生义的问题，汉字与汉语之间的矛盾逐渐加深①。所以，在文字改革者看来，之所以要实行汉字拼音化，除了汉字的形体不能反映实际的音读之外，汉字与汉语最突出的矛盾就体现在单音制的汉字难以适应日益复音节化的汉语的发展。

汉语中存在的同音现象和方言分歧是文字改革者需要切实考虑的实际问题。但在支持者看来，同音和方言分歧问题并不能成为反对拼音文字的理由。很多人常误以为汉字拼音化就是将汉字及其作品机械地直译成新文字，这当然会产生很多问题。实际上，汉字拼音化是用字母拼写汉语而不是拼写汉字。随着汉语日益复音节化，人们主要根据复音节词语、声调和语境来确定语义，那么，只要是根据汉语的特点和规律拼写出来的文字，同时运用词儿连写、声调和特殊定型等技术方式，拼音文字就不会含糊不清②。不过，为了证明推行拼音文字的可行性，仅仅从理论上来强调同音问题并不妨碍拼音文字的推行是不能真正解决文字改革工作中实际存在的困难。所以，当时主持文字改革工作的胡乔木代表官方要求学术界秉持客观的态度，加强对汉语同音、语法等汉语规范化问题的研究以推进文字改革工作③。

毫无疑问，汉字对中国文化发展和国家统一发挥了重大作用。在这样一种"大一统"价值观的主导之下，近代以来，如何处理好方言与国语统一的关系一直是文字改革中争论的焦点问题。新中国成立以后，很多人依然担心如果把汉字改成拼音文字，根据各地方言来拼写，那么我们不仅失

---

① 张世禄：《汉字改革的理论和实践》，文字改革出版社 1957 年版，第 33—34 页；郑林曦：《汉字改革》，新知识出版社 1957 年版，第 17—18 页。

② 高名凯：《关于文字改革》(1957 年 5 月 27 日)，《高名凯语言学论文集》，商务印书馆 1990 年版，第 507—508 页；郑林曦：《汉字改革》，新知识出版社 1957 年版，第 51 页。

③ 胡乔木：《在全国文字改革会议上的发言》(1955 年 10 月 23 日)，《胡乔木传》编写组编：《胡乔木谈语言文字》(增订本)，人民出版社 2015 年版，第 120—122 页。

去了一种联系全国的交际工具，还会加剧各地方言的分歧，因而破坏祖国语言的统一。尽管在 1949 年之前，左翼知识分子曾主张"方言拉丁化"，也在一些地方试行过方言拉丁化新文字；但随着中共执掌全国政权，郭沫若等逐渐意识到"方言拉丁化之推行对于统一的国语之形成，将是一种阻力"，从而向毛泽东建议放弃方言拉丁化的语言政策①。所以说，这时中共和文字改革者所主张的汉字拉丁化并不是要拼读各地方言，制作各种拼音文字，而要拼读一种标准语，推行一种标准化的拼音文字。按此逻辑，政府此时开始推行普通话，它的一个重要目的就是为推行标准化的拼音文字做准备的②。在文字改革者看来，相比于汉字，推行这种标准化的拼音文字不但可以普及教育和统一语言，亦有利于团结国民和统一国家③。这种设想其意甚善，但它由此引发了另外一个问题，对于不同方言区的人民来说，学习这种以北京话为基础的标准拼音文字一定会比学习汉字更容易吗？

三、教育和应用

如前文所述，拼音文字一定就比汉字先进吗？这种先进性体现在什么方面？1949 年 10 月 10 日，吴玉章在中国文字改革协会成立大会上说道，多数研究中国文字和中国教育的人都认为"中国文字必须改革"，这是因为汉字"有许多不合理的地方"，汉字"太过繁难，难认难写难记，这是中国教育普及、文化发展的一个严重的障碍"④。概括来说，按照文字改革者的说法，拼音文字的优势主要体现在普及教育、发展科学文化和社会

①《郭沫若、马叙伦、沈雁冰复毛泽东信》(1949 年 8 月 28 日)，程文、陈岳军编：《吴玉章往来书信集》，重庆大学出版社 1993 年版，第 190 页。

②胡乔木：《在全国文字改革会议上的发言》(1955 年 10 月 23 日)，《胡乔木传》编写组：《胡乔木谈语言文字》(增订本)，人民出版社 2015 年版，第 123 页；吴玉章：《文字必须在一定条件下加以改革》，《人民日报》1955 年 10 月 24 日，第 3 版。

③余学文：《汉字改成拼音文字，会不会破坏祖国语言的统一？》，《文字改革》第 6 期，《光明日报》1954 年 5 月 26 日，第 3 版。

④《吴玉章开幕词》，《人民日报》1949 年 10 月 11 日，第 2 版。

应用方面。反过来说，汉字在这些方面都处于劣势。

就普及教育和文化发展方面来看，直至新中国成立初期，中国的文盲仍高达80%以上。根据各国扫盲效果来看，用汉字扫除一个文盲，至少需要500小时，约合两年左右的时间，祁建华的"速成识字法"也不能从根本上解决识字难的问题；而在苏联，只需要四个月的时间就可以扫除一个文盲，在朝鲜只要102个小时扫除一个文盲[①]。越南民主共和国成立之后，在短短的几年时间，利用"国语字"扫除文盲1400余万人[②]。就普通教育来看，中国中小学现行学制年数比苏联和其他实行拼音文字的国家都要长约两年左右的时间。中国的语文教学效果不但比日本差，更比不上英国和意大利这些推行拼音文字的国家。尽管中国学生受普通教育年限更长，但学生所认识的字数、阅读的文艺作品却要比这些国家都要少[③]。支持文字改革的学者主要利用以上数据和案例来论证汉字的落后和拼音文字的先进[④]。尽管争论双方都很清楚扫盲效率不高和教育年限较长是由多种因素导致的，不能仅仅让汉字来承担这个责任。但不可否认的是，近代以来，汉字拼音化的一个逻辑起点就是汉字比拼音文字更难于学习和掌握。不过，学者们对汉字和拼音文字孰难孰易的问题仍争议不休。

反对者认为汉字与拼音文字相比，汉字并不难学，反而有其优势。从文字数量来看，汉字虽然数量庞大，如《康熙字典》有四万多字，但常用汉字只有两三千左右，学会常用汉字就可以记账、写信、看报。当时有一位精通英、德、法等国文字的中国科学院生物学家表达了对中国文字走拼

---

① 郑林曦：《汉字改革》，新知识出版社1957年版，第36页。

② 陈越：《从越南的扫盲、出版工作看我国文字改革的必要和可能》，《文化技术的发展和中国文字改革问题》，东方书店1955年版，第206—209页。

③ 郑之东：《值得人民代表们考虑的一个问题》，《文字改革》第14期，《光明日报》1954年9月16日，第6版；文彬：《汉字减低了教育的效率》，《文字改革》第5期，《光明日报》1954年5月12日，第3版。

④ 胡愈之：《为什么文字改革是一项重要的政治任务？》，《文汇报》1958年1月16日，第1版；吴玉章：《文字必须在一定条件下加以改革：在全国文字改革会议上的报告》，《人民日报》1955年10月24日，第3版；郭沫若：《为中国文字的根本改革铺平道路：在全国文字改革会议上的讲话》，《人民日报》1955年10月25日，第3版；胡乔木：《汉字简化和改革的问题》（1955年3月15日），《胡乔木传》编写组编：《胡乔木谈语言文字》（增订本），人民出版社2015年版，第81页。

音化道路的质疑意见。他认为汉语中的词语大都由单字组成，因而可以采用"望文生义"办法推衍有关的字或词，比如火车、汽车、马车等词，就可以从"车"字中推衍出来。而用拼音文字写成的字和词，拼法各个不同，汽车、火车、马车等词的拼写区别甚大。如果根据语言来造拼音文字，不但要造单字，还得造单词，而这些单词为了避免同音，还需要分化，学习起来并不容易[1]。

在学认文字基本符号的阶段，是通过汉字学习这几万个词语容易，还是从拼音文字来学习几万个词语容易呢？高名凯、吕叔湘等提出不同的意见。他们认为，仅仅认得三四千个汉字并不代表就能真正理解几万个词的意思，能正确写出几万个词的字形。比如，认得"火"和"柴"未必知道"火柴"的意思，认得"答""复""报"三字未必能辨别"答复""报答""报复"的区别，"望文生义"更会常常出错；并且单字组成的词还有专用的字形，"辨"和"辩"同音，写成"辨论"就是错误。所以，在学习基本的文字符号阶段，学习这三四千个汉字是认识这几万个词的必备前提，普通民众首先需要花费很长时间来学习这三四千字，再学习这几万个词的发音、字形和意思，这个学习过程非常困难。但学习拼音文字，只需认得二三十个字母和一些拼音规则，用字母表现音素，写出语言中数以万计的词。当然，拼音文字中数以万字的词仍需学习，不可能不学而知[2]。这种观点恐怕过于看低了学习拼音文字的难度。

从学习文字的音形义角度来看，拼音文字并不比汉字容易学习。陈梦家、周妙中等认为，汉字的结构可分为独体字和合体字两种，前者如日、月，后者如松、柏。大部分汉字都是形声字，形声字是一半表形，一半表声的，音形义相联系。比如，看到"氵"就知道和"水"有关，看到"忄"就知道和"心"有关，看到"犭"就知道与"兽"有关，这对于理

---

① 骆瑛：《一位生物学家对文字改革的意见》，《光明日报》1957年4月28日，第1版。
② 高名凯：《关于文字改革的两个问题》，《文字改革》1957年第8期，第15页；吕叔湘：《从文字和语言的关系说起》，《文字改革》1957年第8期，第24页；拓牧：《文字和语言》(续)，《文字改革》第27期，《光明日报》1955年3月16日，第3版。

解字义是有很大帮助的，但拼音文字就没有这个功能。就字音而言，拼音文字最大的优点体现在表音方面，学会了语音、字母和拼法就可以写字。但前提是，只有以当地语音作标准的，那个地方的人学起来才方便。但是中国方言复杂，人口众多，统一语言很难。不同地方的人学一种标准拼音文字，就必须死记，这比学习方块字还要困难①。学者邹树文指出，拼音文字虽然在字音上有其优点，但"拼音文字有格、性、数位、体、时的变化，字尾是随步变形的，弄得非常繁复，会令使用那种文字的人耗费精神不少"②。所以，当时不少对汉字拉丁化提出质疑意见的知识分子都认为，笔画多的常用汉字可以通过科学简化来改进，不必拉丁化。外国文字和汉字都不是在短期内可以学会的，外国也有文盲。汉字之所以难，是教法不好，需要改进教学方法，而不需要推行拼音文字。

客观地说，陈梦家等所言是有一定道理的，但一般初学者却很难通过分析汉字的形体结构来知音索义。汉语是用单字表示一个音节，汉字形体不直接表达语音，象形字和会意字只有通过实物的联系才能表达语言中的词和声音。经过历代形体和结构变化，象形字不象形了，会意的也不知道所会何意。汉字中形声字最多，形旁用于表义，声旁用于表声，但形旁历经变化，普通民众难以会意；声旁历经音韵流转，方音掺入，看见字形也难以知音。同一个音有很多字形可以表示，所以，即使知道字音也难以准确写出字形。许多汉字的音形义难以统一，无疑会增加学习的难度③。郑林曦指出，随着汉语多音节化，汉字要记写口语、方言和外来语，只能另造新字，扩大文字数量，这也增加学习难度。从结构方面来看，汉字由1000多种基本零件搭配而成，平均笔画在11至12画之间。组合方法多种多样，普通人难以掌握搭配规范，必然难认难记难写。拼音文字是用二三

① 陈梦家：《关于汉字的前途：1957年3月22日在中国文字改革委员会的讲演》，《梦甲室存文》，中华书局2006年版，第245—246页；周妙中：《反对文字改革的意见：我为什么不赞成改用拼音文字》，《拼音》1957年第6期，第47页。

② 邹树文：《对于汉字简化方案的意见》，江苏省档案馆藏，档案号：4013-002-0411。

③ 王力、魏建功、周祖谟、梁东汉：《汉字改革的必要性和可能性》，《北京大学学报》（人文科学版）1956年第4期，第68—70页。

十个字母来表示音素，把这些字母拼合起来可以表示语言中的音节，写出数以万计的词语，拼音文字增加新词的时候，不需要随时增加新的基本符号图形。学会字母发音和拼法，如果按照普通话（北京语音）来拼写，听见词语的发音就能拼写词形，看见词形就能读出声音，从声音中理解语义，音形义较为统一①。

因为当时汉语拼音文字并没有制订出来，所以就无法将拼音文字和汉字放在同一平台上进行对比。争论双方只能依据各自不同的立场来寻找论据。反对者主要从汉字的"六书"体例及其与汉语的配合角度来谈汉字的优势，以此证明汉字不难学，拼音文字也不一定易学。支持者不但从语言学、文字学角度指出了汉字的种种缺点，还列举出中国文盲多、拼音文字的扫盲和教育成绩更好这样的事例来证明拼音文字的优势。很显然，这种比较难以令反对者信服，或者说至少不能让人觉得汉字是非改不可的，因为扫盲和教育成绩的好坏并不是文字能起到决定作用的，并且为了解决同音问题而不断规则化的拼音文字对于文盲来说也不一定容易学习。所以，周有光也承认，"以扫除文盲作为提倡拼音文字的唯一理由，是不妥当的"②。那么，对于汉字为何要拼音化，文字改革者必须要从其他方面寻找理由来加以论证。

在文字改革者看来，汉字难以适应新兴科技的发展，在查字典、排字、打字、电报、编目等方面都不如拼音文字便利，要花费更多人力、物力。采用拼音文字的国家可以在印刷、打字等方面采用最新式的机器，但汉字的排印、打字、翻译机器的发明都要受到汉字复杂的字体和结构的影响，这些都制约着中国工业化的发展③。就当时的客观条件而言，汉字在利用现代科技方面所存在的劣势是大多数知识分子所公认的。不过，由于

---

① 郑林曦：《汉字改革》，新知识出版社1957年版，第23、47—48页。

② 周有光：《同天津大学24位同学谈文字改革》，《文字改革》第89期，《光明日报》1957年8月22日，第3版。

③ 高名凯：《关于文字改革》（1957年5月27日），《高名凯语言学论文集》，商务印书馆1990版，第502页；周秉清：《谈汉字改革》，《拼音》1956年第3期，第3页；张世禄：《汉字改革的理论和实践》，文字改革出版社1957年版，第36—37页。

当时中文电传打字机、中文电子自动排铸机已经在研发和试制之中，这让反对文字改革的人看到这样的前景：未来是可以通过技术的改进来解决汉字社会应用方面的问题[①]。

在翻译和引进外国先进文化方面，汉字也存在着缺陷。汉字是单音字制，这种表意文字在翻译外来语时会有诸多限制，且会造成语意模糊和混乱。只有利用拼音字母书写外来科学术语，例如物理、化学、医学中国际通用的术语、地理学上的外国地名，才可以打通中西文字隔阂，更有利于吸收西方先进文化，推动科学和文化的发展[②]。如果说，推行拼音文字是为了更好地利用和吸收外国先进文化，那么，推行拼音文字之后，中国自身的文化又该如何保护和传承呢？

四、拼音化与民族文化

清末以降，文字改革者提出汉字拼音化的倡议之后，反对者最为忧心之事即为民族文化的保存与传承之事。到了新中国成立之后，这一问题依然是文字改革中绕不过去的焦点问题。1953年初，文字学者杨树达曾致信毛泽东，向其求教文字学问题。他在信中写道："此种文字学于爱国主义教育有益，而今日提倡汉字拉丁化者为毁灭遗产，可以引导国家民族之分裂。"1955年9月，杨树达又与毛泽东会面，并当面直陈对文字改革的不同意见[③]。1957年，在中国文字改革委员会邀请学术界人士讨论文字改革的座谈会上，翦伯赞也激烈反对废除汉字，他说："除非决心把历代文化遗产丢掉不要，从野蛮人干起。"[④]汉字拼音化与毁灭文化遗产又有何

---

① 关锡、陈梦家：《一封讨论文字改革的信》，《中国语文》1957年第6期，第49页。

② 周有光：《汉字改革概论》（修订本），文字改革出版社1964年版，第14页；翁文灏：《拥护文字改革的拼音方向》，《文字改革》1957年第10期，第20—22页；竺可桢：《方块字必须用拼音文字来代替》，《文字改革》1957年第10期，第7页。

③ 杨树达：《积微翁回忆录》，北京大学出版社2007年版，第292、308页。

④《文字改革问题应该大鸣大放：部分学术界人士在中国文字改革委员会座谈会上提出批评》，《光明日报》1957年5月17日，第2版。

关联？

　　与外国的文字改革有所不同，朝鲜本来就存在半拼音的"谚文"，越南也存在"教会罗马字"，两国历史文献有限，将汉字改为拼音文字，推行难度较小；土耳其的文字改革也只是改变了拼音字母，将阿拉伯字母改为拉丁字母，没有改变文字制度；苏联各少数民族的文字改革也是大致情形。中国历史悠久，是汉字的原产地，用汉字和文言写就的古代文化典籍广博浩瀚。汉字不仅是表达汉语的文字符号，更成为中华民族文化基因的内在组成部分，"以文字本质之不同，养成中西人数千年不同之习性"①。将汉字改为拼音文字，这是文字制度的根本改变，在民族文化继承问题上必然会带来巨大的变动和影响。

　　这里所说的"文化遗产"除了指汉字本体所蕴含的历史文化信息之外，反对者较多担心的是，学生不学汉字只学拼音文字，就不能阅读古代典籍，也无法了解历史文化。李正权、周妙中等本来就对当时学生阅读古典书籍较少的学习状况深表不满，他们担心如果再进行汉字拼音化，会让学生丢弃了钻研古典文学的工具，将大众关在古典文化的门外②。有人甚至将汉字拉丁化之举上升到亡国、民族虚无主义的政治高度加以批判③。在这样的舆论态势之下，如果不能很好解决民族文化如何传承的问题，汉字拼音化就无法赢得大部分知识分子的认可。

　　当时很多知识分子都误认为汉字拼音化就是要废除汉字，但实际上，与新文化运动时期钱玄同等倡导废除汉字论不同，新中国文字改革者并不主张废除汉字。魏建功曾反思说，"五四"时期有人把"思想内容的革命

---

① 吴宓著，吴学昭整理：《吴宓日记续编（1954—1956）》（第2册），北京：生活·读书·新知三联书店2006年版，第287页。

② 李正权：《汉字要不要改革》，《文字改革》第90期，《光明日报》1957年9月5日，第3版；本社编：《汉语拼音方案草案讨论集》（第2辑），文字改革出版社1957年版，第158页。

③ 王重言：《对于废除汉字改用拼音字的商榷》，《文字改革》1957年第10期，第36—38页；吴宓著，吴学昭整理：《吴宓日记续编（1954—1956）》（第2册），生活·读书·新知三联书店2006年版，第287页。

意义混做文字工具的革命"，于是才有了"废除汉字"的错误做法①。1956
年初，在拼音方案草案社会征集意见期间，吴玉章曾向知识分子一再解
释，我们主张"改革汉字，但是并不主张废除汉字。汉字是会永远存在
的，永远有人学习，永远有人使用"②。尽管一开始，在文字改革者中也
存在着比较极端的观点。有人就认为，汉字和绝大多数文盲没有关系，文
盲不需要经史③。但更多的文字改革者对文化传承的问题还是有着理性的
认识，积极设法来解决古代文化的学习和传承问题。曹伯韩指出，即使新
文字通行了，中学以上学校还是要学习旧文字的，人们利用新文字与汉字
的对照字典，通过学习用新文字翻译的古代作品，看用新文字著作的历史
书来了解民族的历史文化④。高名凯、叶籁士、林汉达等也设想，可以将
研究和传播古代文化的责任分工，也就是将研究古代文化的责任交给专家
学者，国家组织力量成立翻译机关，将有价值的文献翻译成拼音文字，供
大众阅读和学习⑤。

　　不过，很多知识分子对能否用拼音文字翻译古代文化典籍（包括诗
词、戏曲）是存疑的。因为学术界对古代众多典籍的标音和语义仍有诸多
疑问之处，没有定论，如何能用拼音文字翻译书写，轻易改动呢⑥？如果
强行把这些作品译成拼音文字，其中必然使之丧失原有精神。李长之就非

---

　　① 魏建功：《驳唐兰先生的文字改革论》，《中国语文》1956 年第 2 期，第 15 页；魏建功：《我对汉字
改革的一些粗浅的看法：1957 年 4 月 27 日在中国文字改革委员会的讲演》，《中国语文》1957 年第 8 期，
第 8—10 页。

　　② 吴玉章：《关于汉语拼音方案（草案）：在政协全国委员会常务委员会第十八次会议（扩大）上的
报告》，《人民日报》1956 年 3 月 7 日，第 3 版。

　　③ 杜子劲：《中国文字改革运动中几个问题》（1949 年 12 月 8 日），杜子劲编：《一九四九年中国文
字改革论文集》，大众书店 1950 年版，第 179 页。

　　④ Boxan：《再谈渐变突变和民族形式的问题》（1950 年 9 月 24 日），杜子劲编：《一九五〇年中国语
文问题论文辑要》，大众书店 1952 年版，第 165—166 页。

　　⑤ 高名凯：《论文字改革与语言改革》（1949 年 11 月 19 日），杜子劲编：《一九五〇年中国语文问题
论文辑要》，大众书店 1952 年版，第 22 页；余学文：《论文字改革和文化遗产的继承问题》，《文字改革》
第 11 期，《光明日报》1954 年 8 月 4 日，第 3 版；林汉达：《文字改革和古书的阅读问题》，《文字改革》第
38 期，《光明日报》1955 年 8 月 17 日，第 3 版。

　　⑥ 辛迭：《拼音汉字与学习古典文学是有矛盾的》，《文字改革》第 88 期，《光明日报》1957 年 8 月 8
日，第 3 版。

常担心："有人想把诗词译成白话，然后写成拼音文字，这样做行不行，我非常怀疑。"①罗孔安也认为"古典文学的诗词歌赋都是用这些繁难而优美的文字写成的"，"只有用这些文字才更能表现出我国文学艺术的高度优越性"②。尽管文字改革者从各种角度论证拼音文字翻译古代典籍的可行性，但这其中的困难也是有目共睹的。胡乔木不得不承认，"我们能不能想像，在短期间，就把那些文化遗产全部用新的文字翻译出来呢？这是不可想像的。首先没有这样的时间，即使有了这样的时间，有了这样的人力，我们还要碰到许多困难，其中有些是不能克服的"③。倪海曙亦说："如果不准汉字和拼音文字共存并用，那末拼音文字就有义务把它们全部或大部分翻译出来"，但是"要担负这样重的任务，困难是太多了，甚至于会被这个历史的重负压碎也未可知。或者人怨沸腾，稚弱的拼音文字会被淹死在千百万人的指责中也未可知"④。反之，如果让汉字和拼音文字共存并用，是不是拼音文字就不必背负这样重的历史包袱？

郭沫若很早就提及了这种双轨制的文字通行制度。1953年初，郭沫若在与斯大林谈到中国的文字改革时说：一方面知识分子舍不得"丢掉汉字"；另一方面，"我们的历史长远，几千年遗留下来的文化典籍都是用汉字写的。目前国家的法令文告，一切的书报都是用汉字写的。立刻废掉，要引起很大的波动。在这样的情形下，学了拉丁化的文字也没有什么用；除非书报文告都是两套，有汉字的，也有拉丁字的"⑤。这种文字双轨制的提法成为文字改革者回应反对者的一种折中方案。要而言之，在文字改

---

① 《学术界人士二次争鸣 文字改革的速度是快了还是慢了》，《光明日报》1957年5月21日，第1版。

② 黎锦熙：《文字改革后，汉字是否完全废弃，文学遗产是否无法继承？答读者罗孔安同志提出的两个问题》，《文字改革》第4期，《光明日报》1954年4月28日，第3版。

③ 胡乔木：《在全国文字改革会议上的发言》（1955年10月23日），《胡乔木传》编写组：《胡乔木谈语言文字》（增订本），人民出版社2015年版，第95页。

④ 倪海曙：《也谈汉字的前途》（1957），倪海曙著作编辑小组：《倪海曙语文论集》，上海教育出版社1991年版，第51页。

⑤ 《郭沫若、宋庆龄和斯大林的谈话记录》（1953年1月13日），张柏春：《郭沫若、宋庆龄与斯大林的一次谈话》，《百年潮》2008年第5期，第46页。

革者的设想之中，保存民族文化是毋庸置疑的，但用拼音文字翻译古代典籍仍有诸多困难，只能让汉字和新造的拼音文字平行使用，学生仍然要在中等学校或者高等学校内继续学习汉字，社会上仍会有一大部分人阅读和书写汉字，以学习和继承文化遗产。只不过，随着新文字的逐渐推广，汉字在大多数人民的日用中逐渐归于隐退，研究汉字和翻译历史文化典籍的工作将成为专家学者们的责任①。文字改革者寄希望于这种文字双轨制承担起普及和提高的双重功能：既能继承传统文化，不致产生"新文盲"和引起知识分子的反对，又能发挥拼音文字在扫盲上的作用，并且能通过新文字的翻译宣传将文化遗产发扬光大。

　　文字双轨制看似是一个两全其美的办法，但实际上也有诸多问题。汉字与拼音文字同时存在，使得有人抱怨学习两种文字浪费精力，增加学习上的困难和压力，违背文字改革的初衷。王重言不无担心地说道："现在使中等学校或高等学校的学生，既学汉字，又学拼音字，必然要多费精力和时间，加重学生的负担。"②另一方面，支持汉字拉丁化的人也担心，如果允许汉字继续通用，必然妨碍拼音文字的推行，势必使新生的拼音文字处于汉字的包围之中，难以发展。在普及教育与发展文化的视野中，汉字与拼音文字如何自处？这恐怕是文字改革者在这场声势浩大的文化改革中所遭遇到的最大的现实难题。

---

　　① 郭沫若：《为中国文字的根本改革铺平道路：在全国文字改革会议上的讲话》，《人民日报》1955年10月25日，第3版；吴玉章《关于中国文字改革的问题》，《人民日报》1956年9月27日，第4版。

　　② 王重言：《对于废除汉字改用拼音字的商榷》，《文字改革》1957年第10期，第36页。

第五章 "推普"政策的出台及其推广

1949年中华人民共和国成立之后，推广民族共同语成为新中国社会主义国家建设中要继续完成的"政治任务"。1955年10月，全国文字改革会议的决议提出，要大力推广以北京语音为标准音的普通话[①]。1956年2月，国务院正式发出推广普通话的指示[②]。这标志着中国共产党正式开启了利用国家力量在文化教育系统和人民生活各方面开展普通话的推广工作（下文将推广普通话简称为"推普"）。

一、方言纷杂与国家建设

新中国成立初期，中国共产党领导人民进行了土地革命，恢复了国民经济，制定和实施"一五"计划，完成了社会主义三大改造。随着社会主义革命和建设的开展，传统小农经济生产方式被打破，中国社会逐步进入了一个集体化和计划经济时代。在这一社会转型过程中，统一语言在社会公共生活中的重要性日益凸显。但是，千百年以来，由于地理阻隔和政治经济的分治，方言分歧和语言不统一的现象仍然很严重，这种语言状况已

---

① 张奚若：《大力推广以北京语音为标准音的普通话》，《人民日报》1955年11月18日,第3版；《全国文字改革会议决议》（1955年10月23日），全国文字改革会议秘书处编：《全国文字改革会议文件汇编》，文字改革出版社1957年版,第217页。

②《国务院关于推广普通话的指示》，《人民日报》1956年2月12日,第3版。

经深切地影响到新中国的政治、经济、军事、文化教育等方面的建设。

新中国成立之后，各级人民代表会议次第召开，但方言分歧影响了代表们在这一政治公共空间中的思想交流。福建、广东、浙江、江苏等方言特别复杂。在全国人民代表大会上，不仅少数民族代表的发言需要翻译，连方言地区来的某些代表的发言也要翻译或请人代读。许多重要的报告，因为报告人方音较重，听的人不能全懂，效果打了折扣①。在基层社会，由于文盲率高达80%以上，对于不识字的工农群众而言，见字是"看去花花，摸去平平"，文字的宣教功能大大削弱。所以，口头语言是党政干部和基层群众进行交流的重要方式。如果双方语言不通，必然会影响地方各项工作的开展。当时浙江杭县内区与区、乡与乡之间都有不同的土音，方言隔阂较大。来此地开展工作的大都是从北方来的同志，他们听不懂当地老百姓的话，当地人也听不懂这些同志的话。下乡工作都要带翻译，请当地人做"汉语翻汉语的翻译员"②。在广东工作，语言交流上存在着更多的障碍。李永是东北人，1951年到广东新会参加土地改革，由于语言不通，工作上感到很不方便，只能请《人民日报》国际部的谭文瑞来当翻译。由于语言不通，干部在了解基层情况、联系群众方面都有很多困难③。

党政干部和群众之间语言不通，不但大大降低政治宣传效果，甚至会给工作造成诸多负面影响。福建省大田县有闽南话、大田话、龙溪话等十余种方言、土语，出门三五十里语言就互相听不懂。当时来大田县农村工作的，也是北方南下的干部。南下干部用普通话作报告，群众都听不懂，听不懂就在会场上打瞌睡。所以，在当时的群众中间流传着这样的顺口溜："不懂听普通话，好像鸭子听雷轰"④，"社会主义无限好，张耳聋子

---

① 郑林曦：《推广普通话是文化革命的一项重要任务》（1958年），《论语说文》，商务印书馆1983年版，第321页。

② 马瑞康：《推广普通话是可能的》，《光明日报》1956年2月1日，第4版。

③ 李永：《拥护文字改革，跟右派斗争到底》，《文字改革》1957年第11期，第33页。

④ 福建省教育厅：《吴山乡是推广普通话的先锋》，《文字改革》1958年第7期，第17页。

听不了"①。大跃进期间，四川省叙永县召开四级干部会，几个干部在听了县委书记的报告后，分组讨论，大家都开不了口，因为没有听懂报告，好的也只听懂一半，连积肥、生产指标和措施都不知道，只好请乡总支书记重新作一次报告。在抢收小麦和大搞甘薯化的劳动过程中，叙永县五星社主任在乡上开会，听了农业技术指导站干部的发言，由于听不懂方言，回来传达错了，造成返工事故，浪费了近50个劳动力②。

相比于作政治报告这种近距离的口语宣传方式，广播则实现了远距离的声音播送，但由于方言障碍，这种宣教工具常常不能发挥它的"现代化"作用。浙江温岭县玉怀广播站每次在广播时都要用四种方言播讲，浪费人力。江西省婺源县是一个山区，交通闭塞，与外界很少接触，群众没有说普通话的习惯。一些公社里虽安装了广播，但群众反映，"山沟里盼来了广播筒，可是挂在那里根本没有多大作用"。因为广播里用的都是普通话，群众听不懂。这些都是方言分歧影响建设的种种表现③。在全国人口识字率较低的情况下，方言隔阂降低了广播、电影、戏剧等现代化传播工具的宣教功能，阻碍了主流意识形态在全国范围内的传播。因此，推广普通话成为政治社会化的重要途径和载体。

"一五"计划和农业集体化开始实施以后，语言不通阻碍了工农群众之间的交流，直接影响工农业生产。鞍山的炼钢能手调到武汉建立新钢铁工业基地，上海、浙江的技工分配到兰州、新疆去办工业。如果各地工人都保持自己的方言土语，就会妨碍交流，影响工农业生产。徐永钺是一位浙江的农业工作者，1954年被分配到西北工作以后，由于方言的关系，给各项工作带来了很大的困难。同事都笑他说的话跟外国话一样，农民也听不懂他说的话，几次下乡做调查工作，只能把农民听不懂的话写在纸上，

---

① 中共大田县委员会：《八年努力 两月苦战：福建省大田县基本上普及了普通话》，《光明日报》1958年9月8日，第8版。

② 四川省叙永县文教科：《五星农业社推广普通话的经验》，《文字改革》1959年第8期，第8页。

③ 江西省婺源县文教局：《我县是怎样推广普通话的》，中国文字改革委员会研究推广处编：《第二次全国普通话教学成绩观摩会资料选编》，文字改革出版社1960年版，第91页。

但是广大农村中文盲很多，用"写"代替讲话太耽误时间，也不太现实[1]。当时各地因为兴办农业生产合作社，为了改进生产技术，需要跟外面交流经验，要请外地的技术人员来帮助生产，如果语言不通，也会发生困难。广东白蚁专家李始美来北京报告治白蚁的经验，因为他不会说普通话，只能用广东新会方言讲，北方人又听不懂，只好请人一句一句地翻译[2]。江苏昆山县组织乡社干部、技术骨干到南京、北京等地学习技术、参观农具展览会，很多人不会讲普通话，学习效果有限[3]。1958年，苏南农民200余人来新沂县传授种植水稻技术，因语言不通，工作发生很多不便。江苏省新沂县多次组织乡社干部到外地参加访问，有时因方言隔阂，大大影响了学习效果[4]。在工农群众中推广普通话无疑有利于工农之间的交流，推动工农业生产和技术推广。

在文化教育方面，方言分歧也影响到各层次教育工作的开展。高等学校和中等专业学校的教师和学生，来自四面八方，语言比较复杂，教师的语言直接影响学生对课程的了解，学生如果不会说和听普通话，也就增加学习的困难[5]。武汉办了一所专业的学院，教师来自江苏、浙江，学生招自湖南、湖北、广东、广西等地，教课、听课都大感困难[6]。江苏境内方言复杂，苏南分配到苏北的师范毕业生不能安心工作，言语不通是其中一个干扰因素[7]。由于语言的不统一，浙江温岭县双龙小学的教师在课堂内

---

[1] 徐永钺：《不会普通话的困难》，《光明日报》1955年11月25日，第2版。

[2] 郑林曦：《推广普通话是文化革命的一项重要任务》（1958年），《论语说文》，商务印书馆1983年版，第321页。

[3] 姜振中：《普通话红旗在昆山升起》，《语文知识》1958年第11期，第5页。

[4] 中共新沂县委宣传部：《新沂全县推广了普通话》（1958年11月12日），《语文知识》1959年第1期，第11页。

[5]《中华人民共和国高等教育部、中华人民共和国教育部关于在高等学校和中等专业学校推广普通话的联合通知》（1956年5月15日），江苏省档案馆藏，档案号：4013-003-1128。

[6] 郑林曦：《推广普通话是文化革命的一项重要任务》（1958年），《论语说文》，商务印书馆1983年版，第316页。

[7]《多快好省地进行文化革命：吴贻芳代表谈江苏省文字改革工作情况和意见》，《人民日报》1958年2月11日，第12版。

曾讲三种不同的话才能使说着不同方言的学生听懂课文内容[①]。汉族方言的严重分歧也让少数民族学生学习汉语时无所适从。海南岛的黎族青年到广东学习，学会了广东话，到武汉就用不上了，再到北京又不得不重新学起。同一个汉字，北方老师和南方老师的发音各有不同，弄得学生无所适从。这种方言混乱的情况增加了少数民族青年学习汉语的负担，少数民族同胞也迫切希望能掌握一种在全国通行的共同语[②]。

方言分歧亦不利于军队建设。1955年7月，中央政府颁布《中华人民共和国兵役法》，规定实行义务兵役制。义务兵役制实施之后，新兵来自全国各地，如果不统一语言，在军政训练、日常工作和执行任务上，将会造成很大的困难。在部队中，无论下达命令、传达情况、指挥作战、口头报告和打电话，都要求一说出来官兵就能理解[③]。士兵都要在一个号令下训练和准确地协同作战，如果语言不统一，就会听不明白指挥员口令，发生误会或是动作迟缓，这些对于作战是非常危险的[④]。如某团兵源大部分来自两广农村，新战士半数以上听不懂普通话。干部向战士作了训练动员后，又开了三天讨论会，但是许多广东雷南籍的新兵却一言不发，问他们今年的训练任务是什么？回答却是"有叼"（不懂）。有的新兵不知道怎样回答，甚至急得哭起来了[⑤]。所以，在部队中推广普通话，不仅有助于发挥人民解放军高度集中统一的战斗力量，对于国防现代化的建设也有着重要意义。

清末以降，在列强侵略和国家内部纷争不断的社会语境之下，众多知

---

① 阮绵德：《温岭县委是如何重视推广普通话工作的》，中国文字改革委员会研究推广处编：《第二次全国普通话教学成绩观摩会资料选编》，文字改革出版社1960年版，第121页。

② 《吴涤平代表的发言》，全国文字改革会议秘书处编：《全国文字改革会议文件汇编》，文字改革出版社1957年版，第102—103页。

③ 《关于全国文字改革会议的情况和目前文字改革工作的请示报告》（1955年11月23日），中共中央文献研究室编：《建国以来重要文献选编》（第8册），中央文献出版社2011年版，第83页。

④ 《魏传统代表的发言》，全国文字改革会议秘书处编：《全国文字改革会议文件汇编》，文字改革出版社1957年版，第121—122页。

⑤ 刘汉：《人民解放军正在大力推行汉语拼音字母和推广普通话：为纪念汉语拼音方案诞生二周年而作》，《文字改革》1960年第4期，第9页。

识分子倡导汉字拼音化改革，推广一种标准语用以普及教育、团结国民的政治诉求，这种改革思潮和教育实践对后世产生了深远的历史影响。1949年中华人民共和国成立，中国共产党领导人民经过28年的艰苦奋斗，实现了民族独立的历史目标，国家重新获得统一。新中国国民经济的恢复、"一五"计划的实施、社会主义改造的完成以及新的集体化生产方式的逐步确立，使得当时这种语言不统一、方言严重分歧的社会状况难以适应新的社会制度和国家建设的需要。这是推动20世纪50年代中期中央政府制定"推普"政策的社会原因。

为了解决教育普及和文化发展的问题，党和文字改革工作者认为汉字繁难，主张走拼音化发展道路[①]。1951年，毛泽东认可了文字改革者提出的汉字拼音化的主张，作出了"文字必须改革，要走世界文字共同的拼音方向"[②]的重要指示。但是，推行拼音文字需要有标准语。如果依照方言制作拼音文字，会使文字失去社会交际功能。自古以来，"中国地大人多，方言杂，一种统一的文字可以通行无阻"[③]。汉字对中华文化的构建和国家的统一发挥了重要作用。因为在语言不统一的条件下，表意汉字是一种最方便而又能团结民众的超方言文字。不少人担心汉字拉丁化之后，文字不统一，会引起国家分裂。张元济当时就曾向毛泽东进言："若改用罗马字母改切汉文，则各省以字母、以自有之方言切成自有之文字，东西南北必不相同"，"我国幸有统一之文字，万万不宜自毁"[④]。党和文字改革工作者当然也注意到此种问题。

20世纪三四十年代，在中共领导的拉丁化新文字运动中，左翼知识分子曾主张"方言拉丁化"，也在一些地方试行过方言拉丁化新文字。作为临时突击办法，抗战时期方言拉丁化运动服务于阶级革命和民族解放事业，中共和文字改革工作者主观上是想利用方音字母尽快扫除文盲，传播

---

① 《吴玉章开幕词》，《人民日报》1949年10月11日，第2版。

② 马叙伦：《中国文字改革研究委员会成立会开会辞》（1952年2月5日），《中国语文》1952年创刊号，第4页。

③ 陈梦家：《梦甲室存文》，中华书局2006年版，第239页。

④ 张元济：《张元济全集·日记》（第7卷），商务印书馆2008年版，第403—404页。

革命文化，更为有效地进行社会动员。1949年，中国共产党执掌全国政权之后，考虑的问题和立场都发生了很大变化，"现在考虑的是国民文化的普及和文化水准提高的问题，是经济文化建设的问题，是统一的民族语文的建设的问题，是国家民族长远利益的问题"①。支持文字改革的郭沫若、马叙伦等也意识到"方言拉丁化之推行对于统一的国语之形成，将是一种阻力"，不同意方言拉丁化的语言政策，主张推行"国语"②。1950年，斯大林提出语言不是上层建筑，"语言是全民的语言，对社会是统一的，对社会全体成员是共同的"，作为人们交际工具的语言，"不是为一个阶级服务，损害另一些阶级，而是一视同仁地为整个社会、为社会各阶级服务"③。毛泽东后来在访苏期间与斯大林交流过语言文字的问题，赞同斯大林的观点④。语言无阶级性的思想对中国语文学界产生了巨大影响，也是中共制定"推普"政策的重要理论基础。

党和文字改革工作者所主张的汉字拼音化并不是要拼读各地方言，制作各种拼音文字，而是要拼读一种标准语，推行一种标准化的拼音文字，作为国家统一使用的文字，为全民服务。在1955年召开的全国文字改革会议上，胡乔木就指出："如果我们的汉语没有一定的规范，没有一定的标准"，"要对记录这种语言的文字进行根本改革，要把它变成拼音文字，那是很难想像的"，只有民族共同语在语音、语法和词汇有了明确的规范，人民能使用普通话，汉字拉丁化才有可能实现⑤。毋庸讳言，在新中国文字改革的构想中，推行普通话也是为推行汉语拼音文字作准备的，这也是这一时期党和政府提出推广普通话的另一个重要原因。但是，由于知识分

① 拓牧：《试谈中国拼音文字跟方言问题》，《中国语文》1953年第6期，第8页。

② 《郭沫若、马叙伦、沈雁冰复毛泽东信》（1949年8月28日），程文、陈岳军编：《吴玉章往来书信集》，重庆大学出版社1993年版，第190页。

③ 斯大林：《马克思主义和语言学问题》（1950年6月20日），中共中央马克思恩格斯列宁斯大林著作编译局编译：《斯大林文集（1934—1952）》，人民出版社1985年版，第549页。

④ 费德林：《在和斯大林会谈的日子里》，张静如主编：《毛泽东研究全书（家世编·海外编）》（第6卷），长春出版社1997年版，第5762页。

⑤ 胡乔木：《在全国文字改革会议上的发言》（1955年10月23日），《胡乔木传》编写组编：《胡乔木谈语言文字》（增订本），人民出版社2015年版，第99—100页。

子对于汉字拉丁化问题争议较大，推行拼音文字的主客观条件并不具备，汉语拼音方案颁布之后，中央政府也只是将拼音字母作为统一读音、认识汉字和教学普通话的工具，并不是要取代汉字①。

二、由学校走向社会

1955 年 11 月 23 日，全国文字改革会议结束之后，中国文字改革委员会党组会同教育部党组向中共中央呈送《关于全国文字改革会议的情况和目前文字改革工作的请示报告》。除了说明文字改革的方针、汉字简化的原则和步骤之外，这个报告还详细说明了大力推广普通话的缘由和做法。中共中央同意报告意见，认为"在全国汉族人民中大力推广以北京语音为标准音的普通话，是加强我国在政治、经济、国防、文化各方面的统一和发展的重要措施"，"是一个迫切的政治任务"②。1956 年 1 月 27 日，中共中央向上海局、各省、市委、自治区党委，中央各部委，中央国家机关和人民团体党组，人民解放军总政部发出指示，要求号召和推动推广普通话工作③。1956 年 2 月 10 日，中央推广普通话工作委员会成立④。国务院、教育部、解放军总政治部、中华全国总工会、中央广播事业局、中央人民广播电台、交通部等部门先后发出指示，要求大力推广普通话。全国各地启动推广普通话的计划，有 24 个省市相继成立了普通话推广委员会，制订

---

① 中国文字改革委员会：《关于汉语拼音方案草案的说明》，《人民日报》1957 年 12 月 11 日，第 7 版。

②《中共中央关于文字改革工作问题的指示》（1956 年 1 月 27 日），中共中央文献研究室编：《建国以来重要文献选编》（第 8 册），中央文献出版社 2011 年版，第 77 页。

③《中共中央关于文字改革工作问题的指示》（1956 年 1 月 27 日），中共中央文献研究室编：《建国以来重要文献选编》第 8 册，中央文献出版社 2011 年版，第 77—78 页。

④ 中央推广普通话工作委员会经国务院批准设立，主要任务是统一领导全国的推广普通话工作。国务院任命陈毅为主任，副主任为郭沫若、康生、吴玉章、陆定一、林枫、张奚若、舒舍予，委员为胡乔木、胡绳、胡愈之、胡耀邦、沈雁冰、吕叔湘、周建功、周有光、邵力子、黎锦熙等 43 人。（《中央推广普通话工作委员会成立》，《人民日报》1956 年 2 月 12 日，第 1 版。）

方言调查计划和实施方案①。

实际上，在党中央发出正式指示之前，教育部就在1955年6月25日向各省市教育厅、局发出了关于举办中小学语文教师普通话语音训练班的通知，为学校首先推广普通话教学做好准备。浙江、江苏、安徽、甘肃、山东、广西、云南、湖南等地相继举办普通话语音教学广播讲座，组织普通话语音讲师训练班培训大量师资②。除了山区和较偏僻的农村小学，1956年秋季开始，各地小学开始使用了新教材，教学注音字母，中小学教师开始使用普通话教学，学校还组织了普通话朗读会、讲演会等活动，学习普通话的热潮盛极一时。但是从1956年下半年到1957年初，推广普通话工作"由热潮走向低潮"。有些学校"自动组织起来的推广机构已经停顿"，部分语文教师和大部分其他科目教师不用普通话教学，学生们在学习了一段时期的普通话之后依然讲方言；辽宁、甘肃等地不少学校都认为推广普通话的高潮已经过去了，继而采取了冷淡的态度；各地机关、团体和厂矿的职工很少继续学习普通话，与普通话有密切关系的卫生、商业部门也没有认真进行推广普通话工作③。

"推普"工作由热变冷，原因比较复杂。作为一项新工作，教育部和中国文字改革委员会对这项工作虽然很重视，但对各省市推广普通话工作的指示并不够具体。由于具体经验介绍少，向下发的简报、通讯所起的作用不大，对各级学校和教师提出的要求也很含糊，教师们觉得普通话是可以听其自便的事；报刊的宣传力度不够，在国务院颁布推广普通话的指示后，当时各类报刊都积极宣传，对掀起当时学习普通话的高潮是起了相当

---

① 有关新中国推广普通话的宏观政策的研究，可参见王爱云：《中国共产党领导的文字改革》，人民日报出版社2015年版，第151—178页；《当代中国的文字改革》编辑委员会编：《当代中国的文字改革》，当代中国出版社、香港祖国出版社2009年版，第220—274页。

②《教育部关于在中学、小学和各级师范学校大力推广普通话的指示》(1955年11月17日)，本社编：《推广普通话文件汇编》，文字改革出版社1985年版；《全国推广普通话工作情况简报》(第5期)(1956年10月24日)，上海市档案馆藏，档案号：B1-2-1901-36。

③《全国推广普通话工作情况简报》(第6期)(1956年12月15日)，上海市档案馆藏，档案号：B1-2-1901-36；《推广普通话工作不能松劲 许多省市准备加强监督、开展宣传》，《光明日报》1957年3月4日，第1版。

大的作用的，可是不久便烟消云散，"仅《光明日报》《教师报》还略有数篇文章，而一般报纸几乎不再把推广普通话当作经常性的宣传工作之一，就连《人民日报》也少见这类文章，或者是消息"①。

从地方层面的行政工作来看，普通话推广方面存在着诸多问题。教育部在视察浙江、江西、上海三地普通话推广情况时发现，这两省一市普通话推广工作存在的突出问题表现在：各级领导对于推广普通话工作重视不够，在推广普通话工作中，得不到领导的大力支持，困难很多。在教育厅、局方面也存在着不同的认识，影响着工作的开展。有的负责同志认为推广普通话工作是一项社会文化工作，应由文化部门去搞，教育部门可以配合。有的领导认为过去对这项工作是保守了，但保守些好，以免盲进。因此，对这一工作抓得就少②。湖北省部分领导和相关教育行政部门对"推普"工作也不够重视，指示也较多地停留在公文上，对下面没有及时严格而具体地提出要求，加之与其他部门及有关宣传单位联系时遇到阻碍，感到工作难以开展，因而裹足不前。由于上级教育行政部门重视不够，很多市县普通话推广工作处于无专人领导的状态，有的县根本没有重视这一问题，仅开办一两期训练班而已；个别的县完全没有做这方面的工作；在许多学校，更是处于自流状态③。

在广西，推广普通话的情况更为复杂。广西一部分市县的教育行政部门存在着各种思想顾虑：有的认为广西就要改为广西僮族自治区④，因此也不需要推广普通话了；有些人看见近来报刊上很少有宣传推普通话的文章，又认为推广普通话会影响教学质量，因此，怀疑推广普通话的方针会不会变；有的怕假期组织教师学习语音影响教师休息；有的认为教育

---

① 《关于普通话推广处工作情况报告》（1957年3月20日），湖北省档案馆藏，档案号：SZ118-02-0293-003。

② 《教育部视察浙江、江西、上海三地普通话推广情况的报告》（1956年11月），江苏省档案馆藏，档案号：4013-003-1128。

③ 《关于湖北省1956年推广普通话工作简况及1957年工作计划的报告》（1957年3月20日），湖北省档案馆藏，档案号：SZ118-02-0293-001。

④ 1958年，广西省改为"广西僮族自治区"。1965年，"广西僮族自治区"改名为"广西壮族自治区"。

科、局人手不够，要集中力量搞劳动教育与毕业生安排工作，就无法开办语音训练班①。这些思想大大妨碍了这一工作的开展。

就学校教师、学生和社会层面而言，浙江、江西和上海很多中小学一般都没有很好地研究国务院和教育部关于推广普通话的指示，也没有根据指示制订出切实可行的计划。有的学校虽然有些号召，要求教师和学生学习普通话，但没有具体措施。教师的学习要求很高，组织学习的都是自发的，学校领导并未给予应有的帮助和支持，以致教师们的学习很多是有头无尾。教师和学生的普通话训练和学习时间短，缺乏长效机制，效率不高。很多教师在课堂以外，能坚持说普通话的很少。有的教师对学生也不肯提出要求来。因此，有的学生在课堂上不仅不说普通话，甚至还有讽刺和笑话的现象。有些教师对要求说普通话充满了抱怨："只有北京语音有翘舌音，为什么一定要以北京语音为标准音呢？""学普通话必须跟北京人学，我们这里没有北京人，没有条件。""家乡话说了半辈子了，舌头硬了，改不过来了，算了罢！"有的教师认为推广普通话是语文教师的事，与其他教师无关。甚至有的中学校长也认为："其他学科的教师没有学普通话的必要，因为他们不需要教注音字母或拼音字母。"②虽然各校一般都做了一些工作，但到1956年下半年普遍冷下来了，甚至不少人认为推广普通话的高潮已经过去了。再加上各地行政部门没有充分利用报纸、杂志、电台、文化馆大力进行各种宣传，普通群众对推广普通话的政治意义认识不够。有的群众称普通话为"不懂话"；有的人告诫自己的子女说："宁愿出卖家里的厅，不能卖掉家乡的音"；有的认为说普通话是"忘本"，是出卖祖宗；还有人说："说普通话不如家乡话亲切"；也有学生家长对小学一年级学习注音字母不满，认为自己的孩子说普通话是打官腔；甚至有的学生因为说普通话吃了家长的耳光，有的家长找到学校质问："为什么不先

---

① 《广西教育厅关于1957年小学语文教师普通话语音训练工作的补充通知》（1957年6月24日），江苏省档案馆藏，档案号：4013-003-1128。

② 以上引文均参见《教育部视察浙江、江西、上海三地普通话推广情况的报告》（1956年11月），江苏省档案馆藏，档案号：4013-003-1128。

教汉字"①。这种方言文化保守思想对推广普通话工作产生了较大的社会阻力。就普通话推广过程中存在的这些问题来看,党和政府是否重视此项工作是最为关键的问题。

针对此种情况,1957年6月25日,教育部和中国文字改革委员会共同召开了全国普通话推广工作汇报会议,会议总结了普通话推广工作中的成绩、缺点和困难,讨论了如何在学校和社会中继续开展普通话的推广工作,并明确提出了"大力提倡、重点推行、逐步普及"的普通话推广方针②。会后,教育部又发出关于继续推广普通话的通知,要求各地必须采取适当措施,在已有基础上继续大力推广普通话,不能半途而废③。由于中央政府对普通话推广工作的高度重视,全国大多数省、市领导和教育行政部门对推广普通话工作不够重视的状态逐渐好转,有些省份的专署、县、市指派干部兼管普通话推广工作,上海、青海、四川、山东、湖北、湖南、四川、广东等省市,具体地布置了今后的任务,重点加大师资培养和学校普通话教学工作,全国各地普通话推广工作由忽冷忽热转入经常化状态④。不过,本来是一项常态化的普通话推广工作为何走向群众运动?这和1958年工农业大跃进的社会整体环境有着密切的关联。

1957年,针对群众对推广普通话不够积极的现状,湖北省教育厅普通话推广处在向湖北省委汇报工作时提议:"希望毛主席能对这个问题发表些意见,给予些指示","这样一定更能掀起广大群众学习普通话的热潮,也会引起各级领导干部的重视"⑤。这也可见各地都非常看重党中央对普

---

① 《中华人民共和国教育部复关于普通话推广处的工作范围和如何工作的问题》(1956年10月12日),江苏省档案馆藏,档案号:4013-003-1128;《教育部视察浙江、江西、上海三地普通话推广情况的报告》(1956年11月),江苏省档案馆藏,档案号:4013-003-1128。

② 《文字改革》杂志编辑部编:《建国以来文字改革工作编年记事》,文字改革出版社1985年版,第96页;《全国普通话推广工作汇报会议结束 决定进一步开展普通话推广工作》,《光明日报》1957年7月5日,第3版。

③ 《中华人民共和国教育部关于继续推广普通话的指示》(1957年8月21日),江苏省档案馆藏,档案号:4013-003-1128。

④ 《大力提倡 重点推行 逐步普及,各地开展普通话推广工作》,《人民日报》1957年12月25日,第7版。

⑤ 《关于普通话推广处工作情况报告》(1957年),湖北省档案馆藏,档案号:SZ118-02-0293-003。

通话推广工作的态度。

实际上，正是认识到推广普通话在国家建设层面所具有的重要意义，党中央是非常重视普通话推广工作的。1955年5月6日，刘少奇在听取吴玉章关于文字改革工作汇报时就强调，汉民族要有统一的语言，学校要用普通话进行教学，可以考虑作出这样的规定："老师在一定时期内学会普通话，今后凡是不会讲普通话的，不能当教师。"①毛泽东对普通话推广工作也是十分支持的。1957年12月17日，毛泽东在主持华东五省一市党委第一书记会议时就谈到干部学习普通话的重要性，他认为："外来干部要学本地话，也要教育群众学普通话。要长治久安，言语不通怎么行？"②1958年1月，在南宁会议上的结论提纲中，毛泽东集中讲解了工作方法问题，并再次强调：干部要"学本地话，学普通话，学英文"③。会后，毛泽东根据讲话提纲和杭州会议、南宁会议的讨论内容，写成《工作方法六十条（草案）》，并作为中共中央文件下达各地。《工作方法六十条（草案）》明确指出，随着"一五"计划的超额完成，思想战线和政治战线取得了基本胜利之后，为了适应一个新的生产高潮，中央和地方党委的工作方法需要作出改变。其中，干部需要改变的一个工作方法就是"外来干部要学本地话，一切干部要学普通话。先订一个五年计划，争取学好，或者大体学好，至少学会一部分。在少数民族地区工作的汉族干部，必须学当地民族的语言。少数民族的干部，也应当学习汉语"④。干部学习普通话，虽是工作方法的转变，但亦关系到国家建设和治理的重大问题。毛泽东将学习和推广普通话纳入治国理政的高度予以重视。

差不多在同一时间，1958年2月11日，中华人民共和国第一届全国人民代表大会第五次会议通过关于汉语拼音方案的决议。决议要求，利用汉

① 费锦昌主编：《中国语文现代化百年记事》，语文出版社1997年版，第203页。
② 中共中央党史和文献研究院编：《毛泽东年谱》（第6卷），中央文献出版社2023年版，第268页。
③《在南宁会议上的结论提纲》（1958年1月），中共中央党史和文献研究院编：《建国以来毛泽东文稿》（第12册），中央文献出版社2023年版，第167页。
④《工作方法六十条(草案)》（1958年1月），中共中央文献研究室编：《建国以来重要文献选编》（第11册），中央文献出版社2011年版，第48页。

语拼音字母帮助学习汉字和推广普通话①。为了扩大汉语拼音方案的社会影响，从 2 月 10 日到 2 月 25 日，中国文字改革委员会会同政协全国委员会派出了六个宣传组，由吴愈之、韦悫、叶圣陶、罗常培、吕叔湘、魏建功、王力、周有光等带队分赴北京、天津、南京、上海、西安、郑州、广州、武汉、太原、成都、重庆、昆明、沈阳、长春等十四个城市宣传汉语拼音方案②。教育部也发出通知，规定各级学校 1958 年秋季入学的一年级新生应该教学拼音字母帮助识字，学习普通话③。3 月 20 日，由陈毅任主任的中央推广普通话工作委员会向各省市发出《1958 年推广普通话工作计划纲要》，要求各省、市、自治区大力推广拼音字母，培养教学拼音字母的师资，创造学习拼音字母的社会环境④。可以说，汉语拼音方案的颁布和推行，是推动这一时期"推普"形成高潮的重要助力。

1958 年 5 月 5 日，刘少奇代表中共中央委员会在中国共产党第八届全国代表大会第二次会议作工作报告时指出：为了适应技术革命的需要，必须同时进行文化革命，发展为经济建设服务的文化教育卫生事业，号召大家"积极地进行汉字的改革"⑤。报告将文字改革工作提升到文化革命的重要位置，作为文字改革的一部分，普通话推广工作的重要性亦得到进一步的凸显。1958 年 7 月 25 日至 30 日，中央推广普通话工作委员会和教育部在北京联合举办全国普通话教学成绩观摩会，来自 25 个省、市、自治区，在各地教学和推广普通话工作中有突出成绩的教师、学生和教育行政工作者代表参加了此次观摩会⑥。教育部副部长韦悫在会上号召代表们都

---

① 本社编：《推广普通话文件汇编》，文字改革出版社 1985 年版，第 69 页。

② 新华社：《各地热烈支持文字改革，积极准备扩大宣传推广工作》，《人民日报》1958 年 2 月 14 日，第 2 版。

③《教育文献法令汇编（1958 年）》，中华人民共和国教育部办公厅编印 1959 年版，第 127—128 页。

④《中央推广普通话工作委员会 1958 年推广普通话工作计划纲要》，《文字改革》1958 年第 5 期，第 37 页。

⑤ 刘少奇：《中国共产党中央委员会向第八届全国代表大会第二次会议的工作报告》（1958 年 5 月 5 日），中共中央文献研究室编：《建国以来重要文献选编》（第 11 册），中央文献出版社 2011 年版，第 263—264 页。

⑥《文字改革》杂志编辑部编：《建国以来文字改革工作编年记事》，文字改革出版社 1985 年版，第 111 页。

来做"推广普通话的促进派和积极分子",使推广普通话的工作不仅能在学校中胜利地完成这一任务,"而且能在各机关团体,能在社会上都推广起来"①。8月1日,参加观摩会的全体代表发出倡议书,表示愿意和全国的青少年、壮年展开学习和推广普通话的竞赛②。8月4日,周恩来和陈毅又接见了全国普通话教学成绩观摩会的代表。陈毅在讲话中再一次表示党中央对推广普通话工作的重视和支持,并指示"推广普通话是为社会主义建设大跃进服务,要以大跃进的精神推广普通话"③。可以说,这是普通话推广工作走向群众运动的政治推动力。

1956年至1957年,各级学校的师资培训和普通话教学是普通话推广的重点工作。经过整顿之后,从1957年下半年开始,推广普通话成为一项常态性的工作。进入1958年后,在全国工农业大跃进的背景下,首先是中小学和师范学校的普通话推广工作进入了跃进阶段。上海市中等、初等学校全体教育工作者向江苏、浙江两省及广州市中等和初等学校教师发出了学习和推广普通话的社会主义竞赛倡议书。他们提出了"人人学,人人讲;天天学,天天讲;边学边讲,边学边教"的口号,保证半年内学会普通话,一年内学好普通话。湖南师范学院也提出"苦战四个月,改变方言面貌"的口号,全体师生鼓足干劲学习普通话④。与此同时,普通话推广亦由学校走向社会,进入了一个群众运动的阶段。1958年3月,"方言最难懂最复杂并且是交通最闭塞"的福建省大田县吴山乡党委提出了"苦战五十昼夜,人人能说普通话"的口号,率先成为福建省乃至全国的第一个普通话乡。从1958年6月开始,《人民日报》《红旗》相继报道和宣传吴山乡

---

① 第一届全国普通话教学成绩观摩会秘书处编:《第一届全国普通话教学成绩观摩会文件资料汇编》,文字改革出版社1959年版,第8页。

②《文字改革》杂志编辑部编:《建国以来文字改革工作编年记事》,文字改革出版社1985年版,第111页。

③ 社论:《让推广普通话的红旗插遍全国》,《中国语文》1958年第8期,第351页。

④ 第一届全国普通话教学成绩观摩会秘书处编:《第一届全国普通话教学成绩观摩会文件资料汇编》,文字改革出版社1959年版,第2—3页。

推广普通话的事迹①。吴山乡和大田县的"奇迹"在全国产生了示范效应，普通话推广也随之在福建、安徽、江西、江苏、山西、山东等地的农村基层社会开展起来了。

三、思想动员和社会宣传

党中央将推广普通话确定为一项政治任务，各地各级党组织都高度重视、精心组织和认真落实此项工作。推广普通话的工作之所以能在农村基层社会形成群众运动，主要得益于基层党组织的领导、示范和推动。

大体而言，党组织的领导和推动模式是：在县级层面，由县委书记挂帅成立推广普通话的领导小组，专门领导和布置普通话的推行工作。县委通过各种会议形式如党员会、团员会、干部会、文教会、积极分子会、群众会以及广播、电话会议传达上级部门推广普通话的精神和指示，并提出各种推广普通话的战斗口号。比如，福建大田县委就提出"苦战2个月，全县实现普及普通话"②。江苏昆山县也提出"亩产一万斤，光荣上北京，怀仁堂里做客人，讲普通话给毛主席听"的行动口号作为奋斗目标，以激发群众学习普通话的热情③。

在乡、村层面，为了贯彻和执行上级党委的指示和要求，公社党委和行政、团委、妇联、武装等部门组成推广普通话委员会（有的地方称为"推广普通话指挥部、指挥站"），配备专门人员负责日常工作；各大队、生产队的党支部成立普通话推广站和推广小组，层层有专人负责。各级"推普"组织以党、团员为核心，选拔一批农民业余学校教师，培养大批

---

① 《加速推广普通话 生产学习都方便：吴山乡已普及普通话》，《人民日报》1958年6月21日，第7版；福建省教育厅：《福建一个乡的奇迹》，《红旗》1958年第4期；雷普：《学会普通话 语言通八方：大田成为福建推广普通话第一面红旗》，《人民日报》1958年8月25日，第7版。

② 中共大田县委员会：《八年努力 两月苦战：福建省大田县基本上普及了普通话》，《文字改革》第116期，《光明日报》1958年9月8日，第8版；大田县地方志编纂委员会编：《大田县志》，中华书局1996年版，第809页。

③ 姜振中：《普通话红旗在昆山升起》，《文汇报》1958年9月13日，第3版。

积极分子，将其作为运动中的骨干力量。在领导方法上，基层党组织主要采用集中统一的管理和组织办法，"大队总支委员包干生产队，生产队支委包小组"，"党、团员按村划片成立战斗小组，做到帅统将，将统兵"[1]，统一号令，全面发动，从组织上保证了推广普通话工作的顺利开展。

为了给干部、群众起示范和表率作用，县委、公社（乡）党委等领导干部带头学习普通话和拼音字母，在全县会议、公社会议和下乡指导工作，与人交谈、电话往来、作报告时等都带头坚持讲普通话，带动全体社员学习热潮。江苏省新沂县第一书记除亲自掌握运动外，还带头学习拼音字母，带头用普通话作报告。丰县县委书记在大运河工地上，亲自掌握拼音字母民师训练班，拟定工地开展工作计划。作报告时使用普通话，说错了回头再说一遍。在县委书记实际行动影响之下，各乡、社党委书记也纷纷效仿，新沂县炮车乡书记连夜亲自拟定推广普通话计划，亲自主持教学会议，亲自深入生产队进行检查。溧阳别桥乡党委书记用普通话作报告，逼得满头大汗，别人看着直发笑。城南乡群谊社书记为了带头讲普通话，连夜将报告稿子请农中教师教十几遍。在各级党委书记带动之下，全体党员和广大干部立即投入运动积极参加学习。普通群众在党的号召和干部影响之下，也逐渐投入学习运动[2]。

这一时期农村的"推普"运动主要是由基层党组织利用组织力量自上而下发动起来的，所以，在推广普通话的过程中，由于有的方言与普通话差异较大，有一定的学习难度，再加上受方言习惯和传统语言价值观的影响，部分群众和干部并不愿意学习普通话，甚至歧视、抵制普通话。湖北当地不少民众认为，湖北人接触外地人，彼此都懂，何必推广普通话，多此一举[3]。福建当地年纪大一点的群众就抱怨说："快睡棺材板了，还学了

---

[1] 全国教育和文化、卫生、体育、新闻方面社会主义建设先进单位和先进工作者代表大会办公室编:《文教战线红旗飘:全国文教先进单位和先进工作者经验和事迹选编(业余教育方面)》，人民出版社1960年版，第271页。

[2]《1958年普通话推广工作小结》(初稿)，江苏省档案馆藏，档案号:4013-003-1131。

[3]《湖北省推广普通话工作委员会第二次会议记录》(1958年1月15日)，湖北省档案馆藏，档案号:SZ118-02-0336-005。

跟阎王打官话";有妇女认为讲普通话没有用处:"学了普通话,还不是洗锅巴"。这些抱怨都是普通话无用论思想的反映。甚至有群众瞧不起普通话:"普通话是干部讲的,不是群众讲的","干部讲起普通话来,舌头那样软,是吃油吃的多;我们的舌头硬,讲不了两句,就冒出汗来了"①。安徽歙县岔口公社的部分群众也认为"吃土米,放洋屁","干部做官说官话,我们学普通话干什么?"受社会舆论的影响,不少干部和社员碍于面子,在会上讲,会后不讲;在外面讲,回家不讲;对干部讲,对群众不讲;也有个别的干部索性不讲了,甚至个别队的干部反对讲普通话②。从明清时期开始,官方标准语被称为"官话",这是北方话的统称,大都通行于官场士大夫之间。在这种历史传统的影响之下,群众很容易给普通话赋予"政治身份",将自己与普通话相区隔。这种语言价值观给当时的普通话推广工作带来了很大的阻力。在1955年召开的全国文字改革会议上,胡乔木特别针对此种观点加以批评和矫正。他认为从前的"官腔"是为反动统治阶级服务的,但"现在北京的语音"并不是那种"官腔",而是为人民服务的,"这是我们人民的声音,这是我们人民的首都的标志,这是最能够代表我们民族同我们整个共和国的"③。胡乔木从民族国家高度指出了普通话与封建社会"官腔"的不同,强调了普通话的人民性,纠正了一些群众的错误认识。

在江苏昆山、新沂等地,有的群众嘲笑说普通话的人是"洋勿洋,相勿相,蛮好江南人,为啥学江北话"④。在江西婺源县秋口人民公社词坑大队,有农民讽刺讲普通话的人说:"扁嘴青蛙叫,天要下雨了。"又说:"你们出洋相,婺源人不讲家乡话,讲'饶话'(婺源人把讲外地话称为

---

① 福建省教育厅:《福建一个乡的奇迹》,《红旗》1958年第4期,第35—36页;《学习普通话已成社会新风气:侯振亚代表的发言》,《人民日报》1959年4月28日,第12版。

② 吴贤文:《我是怎样领导岔口人民公社推广普通话的》,中国文字改革委员会研究推广处编:《第二次全国普通话教学成绩观摩会资料选编》,文字改革出版社1960年版,第99页。

③ 胡乔木:《在全国文字改革会议上的发言》(1955年10月23日),《胡乔木传》编写组:《胡乔木谈语言文字》(增订本),人民出版社2015年版,第111页。

④ 《1958年普通话推广工作小结》(初稿),江苏省档案馆藏,档案号:4013-003-1131。

'饶话',意思是这种话不好懂)真刺耳"①。有些群众认为普通话是忘本,是出卖祖宗。农民对普通话没有好感是多地共有的现象,这是不同地域文化和习俗观念在语言层面所形成的冲突。由于不同的语言观念对群众思想的束缚和影响,致使基层社会的"推普"工作并不顺利。所以,基层党组织不得不采用多种宣教方式对群众和干部进行思想动员,改变他们不愿学、怕学以及歧视普通话的排斥态度。

第一,开展群众性的辩论会、诉苦会和座谈会。针对群众对普通话的怀疑态度,各地基层党组织在干部和群众中开展了专题辩论。福建大田县在群众中围绕着"普通话是不是干部学,群众不能学?""是不是男人学,女人不能学?""是不是青壮年学,老人不用学?""不懂普通话有什么苦?学了有什么好处?"等相关问题展开辩论。在广大群众中开展"一看、二诉苦"的教育活动,所谓"一看"指的是"看社会主义美好前景","二诉苦"指的是"诉不会讲普通话在生产工作和日常生活中碰到困难的苦"和诉"哑巴"和"聋子"的苦②。江苏溧阳县通过举行诉苦会,让群众在辩论会诉说不会讲普通话的苦处(多花钱、耽误生产等)来教育怀疑者;该县埭头公社党支部还积极组织田头座谈会,生产队长向群众宣传学普通话的种种好处:学会普通话能听懂广播和报告,能正确领会党的方针政策;可以更好地交流经验,外出工作,日常往来不会误事,不闹笑话;学会拼音,便利学习文化,学会普通话能看懂电影、话剧,丰富文化生活等③。通过开展这些思想教育活动,很多群众逐渐明白了学习普通话的重要性。

第二,布置社会环境、营造学习氛围。江苏新沂县境内所有的壁画、标语、墙字、商店牌、路牌,甚至县委会的牌子都加上拼音字母。金坛县把声韵母表配上图画,画在墙上,到处写满了说普通话好处的标语。公共

---

① 江西省婺源县文教局:《我县是怎样推广普通话的》,中国文字改革委员会研究推广处编:《第二次全国普通话教学成绩观摩会资料选编》,文字改革出版社1960年版,第93页。

② 中共大田县委员会:《福建大田县是怎样普及了普通话的》,《文字改革》1958年第11期,第4—5页;吴尔祥:《推广普通话的一面红旗》,《文汇报》1958年7月31日,第2版。

③《1958年普通话推广工作小结》(初稿),江苏省档案馆藏,档案号:4013-003-1131。

场所的门口都贴上这一标语："请你讲普通话"①。河北省河间县在十多天的时间内共出了23期快报、3500多块黑板报、5万多条街头诗。宿舍、食堂、街道、学校、办公室等到处都是拼音字母，如大门、桌子、厕所、牛棚、坯墙上的标语口号，学校教室的桌子上都加注拼音字母②。山东董王公社的街道两旁，放着一个个的宣传牌，牌上写着带拼音的汉字"统一祖国语言，提高人民文化"等标语口号。村头墙上写着一人多高的拼音字母，墙壁和树上挂着穿上绳、写上字母的"流动识字牌"，一些农户大门上、墙上、大型用具上写满了字母和诗句，做到以"字母包围文盲"③。拼音字母是学习汉字和标准语音的重要工具，以"字母包围文盲"，不仅方便农民识字，也有利于矫正发音。

第三，各地组织宣传队，利用多种媒介和宣教形式，动员民众。广东潮阳县为了消除群众思想障碍，抽调组动员了大量女工回家打通亲人的思想；村里贴出宣传标语，学校教师也要求和布置学生回家宣传；宣传员经常下户，以实际事例来说明"三怕"（怕讲不好人家笑，怕舌头硬学不会，怕记忆力不好学了忘掉）并不可怕④。福建一些乡在开展诉苦辩论时还运用了广播筒、黑板报、大字报等工具来宣传普通话。如屏山乡黑板报就出了523板，该乡团副支书给二十余人贴了大字报；吴山乡出的大字报写着"会讲到处讲，不会讲到处问，会教的叫他教，不学的送他大字报"⑤。这样的大字报给不学普通话的群众施加了较大的社会压力。四川省叙永县五星农业社结合辩论的同时大力开展宣传运动，利用俱乐部活动分子编诗歌、快板，反复交代学习普通话的目的和意义，对群众产生了较大的影响。当时有一首快板是这样写的："除了是哑巴，人人要说话，中国地方

①《1958年普通话推广工作小结》（初稿），江苏省档案馆藏，档案号：4013-003-1131。

②《介绍河北省河间县推广普通话和拼音字母的经验》，《文字改革》1959年第1期，第6页。

③吕真为：《推广汉语拼音和普通话在董王公社》，《文字改革》1959年第14期，第5页。

④潮阳县文教局：《学吴山 赶吴山：夏东浦村也放出普通话卫星》，《文字改革》1958年第15期，第2—3页。

⑤中共大田县委员会：《福建大田县是怎样普及了普通话的》，《文字改革》1958年第11期，第4—5页。

大，说话应当规范化。不要爱面子，学习普通话。要是不开口，将来是尾巴，众人都会说，自己确很差。要想结好果，就要先开花。"①

广东揭阳县梅岗公社墙上的"推普"标语

广东普宁县某食堂门口设立的普通话监督岗

　　江苏新沂县全县成立200多个宣传队，采取诗歌、快板、鼓动台、宣传站、土广播等不同内容与形式，深入街头巷尾田头车间进行宣传。金坛县电影放映队，把宣传口号制成幻灯片，在电影放映前宣传②。浙江桐庐县新登人民公社结合社会主义教育运动，开展大鸣大放，并贴出大字报30000余张，同时组织千人宣传队，通过广播站、电影队、学校以及商业

---

① 四川省叙永县文教科：《五星农业社推广普通话的经验》，《文字改革》1959年第8期，第9页。
②《1958年普通话推广工作小结》(初稿)，江苏省档案馆藏，档案号：4013-003-1131。

部门广泛宣传拼音字母、普通话的好处①。贵阳修文县桃源乡学校教师配合公社干部展开了多种多样的辅劝性活动，如：墙头标语拼音化，演街头剧等，使推行汉语拼音字母与推广普通话的宣传工作相结合②。各地正是通过各种宣传形式和措施逐渐提高群众的思想认识，最大限度地消除各种思想障碍，进一步将"推普"运动推向深入。

四、教师、教材和教法

因为农民人数庞大，文化程度低，生产生活方式有其自身特点，这也使得在农村推广普通话难度较大。各地基层党组织、政府和教育部门结合当地实际情况，通过各种方法来解决教学师资、教材读物和教学形式等方面的问题，提高普通话教学的实效性。

在"推普"运动兴起之初，很多群众对这项运动充满了质疑。江苏昆山县的一位群众曾责难说："推广普通话不是积肥，可以跃进。现在一无经验，二无教师，三无教材，四无教具。怎样推广呢？"③这种怀疑论看到了"推普"工作的艰难，但它忽视了中共庞大的组织能力和群众的创造力。随着学习普通话人数的迅速扩大，教学师资是不是能与之配合，这是在农村推广普通话首先要解决的问题。从1955年底开始，各地普通中小学教师主要由教育部、各省教育厅和各县教育局组织培训。截至1957年暑期，全国已经有60多万中小学语文教师受过北京语音训练，约占语文教师总数的1/3④。但这些师资力量只能保证中小学开展普通话教学的需要。1958年农村地区"推普"运动兴起之后，各地只能扩大师资力量，党员、团员、中小学的教师、学生、业余学校的教员、学员、转业士兵等都成为推广普通话的骨干力量。

---

① 《注音识字开红花 全民学习普通话》，《文汇报》1960年6月9日，第3版。

② 《贵阳市推广拼音字母和普通话的红旗：桃源乡》，《文字改革》1959年第7期，第5页。

③ 《1958年普通话推广工作小结》(初稿)，江苏省档案馆藏，档案号：4013-003-1131。

④ 《中华人民共和国教育部关于继续推广普通话的指示》(1957年8月21日)，江苏省档案馆藏，档案号：4013-003-1128。

在"推普"运动中，福建省将普通学校和业余学校作为两个重要阵地。该省各县、社、大队分别举办短期师资训练班培训推广人员。比如，晋江专区就培训了民办教师（以下简称"民师"）3万多人。吴山乡推广普通话的先进代表陈进四在学会普通话之后，迅速地在家乡开办了汉语拼音训练班，参加学习的有吴山乡的干部、民师以及陈进四全家（父母和嫂嫂）共58人。这58人就成为吴山推广汉语拼音和普通话的骨干。南安县大宇乡245名民师和高盖乡229名民师突击学好拼音字母之后，分为11个战斗小组，深入各社进行传授①。河北省河间县亦是层层训练，培养"推普"师资。该县先派2人去保定学习，回县之后，就培训各乡小学教师106人，这批教师回乡之后再训练所在地小学教师1450人，并训练各乡民师2650人；各乡小学教师和民师受训之后，再回到各村训练民师和中小学生，共3000余人。全县先后训练五批民师，共有7000余人参加，这些人就成为该县"推普"的骨干力量②。根据河南焦作、南召等18个县、市的不完全统计，仅在1959年初两个月内，就培训了民校教师3963人③。江苏省掀起全民学习普通话运动之后，昆山、新沂、丰县、金坛等县培训的群众骨干就达58333人④。山西省侯马市教育局先后举办5期训练班，吸收中学、小学、幼儿园、农民业余学校等教师共1700名进行了学习。万荣县也先后举办了10次训练班，培养了2000多名教师，3500余名辅导员⑤。经过短期培训之后，这些"推普"骨干下乡划片包干，开展教学活动。

---

① 周孝诚：《吴山见闻》，《文字改革》1959年第11期，第12—13页；《实行注音学文化、推广普通话三结合：福建各地广泛开展注音识字运动》，《人民日报》1960年7月12日，第4版；福建省教育厅：《福建省1958年推广普通话工作总结及1959年计划》，《文字改革》1959年第4期，第5页。

②《介绍河北省河间县推广普通话和拼音字母的经验》，《文字改革》1959年第1期，第7页。

③《让汉语拼音字母在扫盲和推广普通话方面发挥更大的作用》，《人民日报》1959年5月3日，第11版。

④《1958年普通话推广工作小结》（初稿），江苏省档案馆藏，档案号：4013-003-1131。

⑤ 本社编：《山西省推行注音扫盲和推广普通话万荣现场会议资料汇编》，文字改革出版社1960年版，第16、177页。

福建省大田县吴山乡积极推广普通话的先进代表——陈进四

福建省大田县吴山乡农民在劳动休息时学习拼音

　　各地中小学生亦是"推普"的重要力量。他们在学习拼音字母和普通话之后，不仅要回家开展辅导活动，包干帮助父兄、姑嫂学习，也要在田间地头、大路口、食堂中，手拿字母卡片，帮助群众学习拼音字母，成为推广普通话的"小老师"。仅江苏昆山县一地就建立了357个少年监督岗，

3515人、126队少年检查队，197743名青少年学生参与了"推普"运动[1]。

随着"推普"师资队伍的逐渐扩大，各地群众学习普通话的热潮也随之高涨。学什么，如何学？这是"推普"工作要解决的另一个问题。首先需要提供的就是学习材料。截至1957年8月份，中央和一些省市已经出版的普通话教材和参考书约有450万册[2]。随着"推普"运动深入之后，各地印制的教材读物的数量急剧增加。在1958年至1960年间，江苏省及其部分市、县出版社，出版有关推广普通话读物和教学参考用书总计67种，印行700余万册[3]。山东省"大跃进"时期编印了汉语拼音课本300余万册，注音农民识字课本50万册，注音业余小学语文课本100余万册[4]。为了引起群众的兴趣，各地结合政治、生产和生活素材，自编教材和读物。江苏新沂县在开展推广普通话运动之前就提前准备了10万册课本，除此之外，群众还自编各种各样的普通话教材，自办拼音小报。昆山县自编的课本就达88876册，84720张拼音字母表，239340张昆山话语与普通话对照表，还创造了40余种教具[5]。广东揭阳县编印汉语拼音课本20万册，公社编的会话课本印发了26.4万多册[6]。除了拼音、会话课本和读本之外，有些地方还创办了一些小报，比如，汉语拼音报（上海）、万荣拼音报、新沂拼音报、荣县拼音报、晋南拼音报等[7]。这些小报在基层社会具有一定的影响力，特别是万荣县委发行的《万荣拼音报》每期发行9000余份，最高发行量达到1万多份，平均5户一份[8]。广大劳动群众在脱盲以后，阅

---

[1] 中共昆山县委宣传部：《以不断革命精神大搞文化革命：昆山县大力开展了普通话的推广工作》，《江苏教育》1958年第19期，第27页。

[2] 《中华人民共和国教育部关于继续推广普通话的指示》（1957年8月21日），江苏省档案馆藏，档案号：4013-003-1128。

[3] 《两年来普通话推广工作总结（草稿）》（1960年7月27日），江苏省档案馆藏，档案号：4013-003-1428。

[4] 唐捷：《山东省用汉语拼音字母巩固扫盲成果和推广普通话的情况》，《中国语文》1959年第2期，第66页。

[5] 《1958年普通话推广工作小结》（初稿），江苏省档案馆藏，档案号：4013-003-1131。

[6] 吴玉章：《利用拼音字母帮助扫盲和推广普通话》，《文字改革》1959年第6期，第3页。

[7] 《八种拼音报》，《文字改革》1960年第8期，第23页。

[8] 万荣拼音报编辑室：《〈万荣拼音报〉的成长》，《文字改革》1960年第8期，第18—19页。

读注音读物的需求量不断增加，这些地方拼音小报的发行也有利于群众更好地学习普通话。

在繁忙的工农业生产之余，普通群众很难有宽裕的精力和时间用于学习。这种情况就决定了需要根据不同的教学对象，采取不同的教学方式。

其一，在工人群众中主要采用流动学习组。江苏新沂平车工人在搬运矿石煤炭时，每10人成立小组，每辆平车后面都带有小黑板，走路时，后一人看前一人车后面黑板上的字母，练习发音；休息时，利用小黑板来书写①。

山西某地社员一边推粪一边学习注音识字

其二，家庭成员、邻里之间组成家庭学习组，采用互教互学的办法。江苏金坛、新沂、溧阳县把后方家庭妇女组织起来，在邻近民师或亲人中选聘会拼音字母的人担任教学。学会之后，父母、夫妇、兄弟、姐妹之间相互教学②。

---

① 《1958年普通话推广工作小结》(初稿)，江苏省档案馆藏，档案号：4013-003-1131。
② 《1958年普通话推广工作小结》(初稿)，江苏省档案馆藏，档案号：4013-003-1131。

青年团员在炕头教妇女学习拼音

其三，各地采用较多的教学形式是包学包教的办法。各地基层党组织动员党员、团员、转业军人和民兵、小学教师、民师和青少年学生组成小分队，深入乡村，划片分工，开展劝学包教活动。福建大田县吴山乡就曾动员58个团员带动了360个青年和280个壮年学会了普通话①。

其四，设立拼音字母识字站（检查站）和普通话推广站。识字站多设在街头田间，利用生产间隙或其他闲暇时间，教授拼音字母和普通话。安徽省歙县岔口人民公社在公共场所建立48个检查站，发动干部、教师、学生、商店人员担任检查员，经常检查。岔口小学的学生每天放学后，就在村头村尾设立检查岗，把当前的政治、生产内容编成问答题（三面红旗是什么，本社、本队的主要生产指标等问题），请过路的人用普通话回答，或者请他们认、讲注音识字卡片，不学会讲不放人走，这样就使社员处处有复习巩固的机会，造成学讲普通话的风气②。其他还有车间学习组、地

① 中共大田县委员会：《八年努力 两月苦战：福建省大田县基本上普及了普通话》，《文字改革》第116期，《光明日报》1958年9月8日，第8版。

② 全国教育和文化、卫生、体育、新闻方面社会主义建设先进单位和先进工作者代表大会办公室编：《文教战线红旗飘：全国文教先进单位和先进工作者经验和事迹选编（业余教育方面）》，人民出版社1960年版，第274页。

头学习组、河工学习组、钢铁工地备料组、炉前学习组、饲养员学习组等不同方式的学习组织。

在学习时间的安排方面，结合工农群众的生产和日常休息时间，开展集中和分散相结合的学习活动。这样既不耽误生产，又能挤出时间学习拼音字母和普通话。江苏省各地学习普通话的教学形式具有一定的代表性。该省丰县水利工程规定每日12时至下午1时为普通话学习固定时间；金坛县各公社食堂利用饭前饭后生产间歇时间机动学习。丰县夏新运河工地上，用拼音字母歌代替号子，教员用普通话喊鼓动口号。新沂县棋盘大营在水利工程上在抬土、挖土、打夯时，也用普通话小调，打口子。炮车乡堰洼生产队深翻时，在田头上插上识字牌，由民师领念字母，挖一锹土，念一声"eng"，挖了一个小时工学会了六七个字母的发音。金坛的妇女也用山歌歌唱全部声韵母，边劳动，边唱歌，字音念得不准，大家纠正[1]。这种办法省时省力，能更快地记住拼音字母。广东潮阳夏东浦村民兵早晚集中训练时各抽出1小时或半小时时间，由复员军人教大家学习普通话，操练时也用普通话讲解；抽纱组女工边做花边学习，还用普通话点名。剩下的村民则由包教队包教，晚上7时至8时，推广员到生产队定量地教群众学习普通话。这样有组织地定时、定址、定量地开展传习工作，使群众能不断学会日常会话和常用词语[2]。

就这场"推普"运动的组织方式、宣传方式和教学方式而论，"大跃进"期间的普通话推广运动是1949年之前历届政府和民间组织无法做到的。可以说，这场语言推广运动深受中共强大的社会动员机制和新中国初期"运动治国"模式的影响，也体现了集体化时代基层群众的精神风貌。

---

① 《1958年普通话推广工作小结》(初稿)，江苏省档案馆藏，档案号：4013-003-1131。

② 潮阳县文教局：《学吴山 赶吴山：夏东浦村也放出普通话卫星》，《文字改革》1958年第15期，第3页。

五、"推普"运动的成效与影响

推广普通话运动不仅仅是一种学习拼音字母和标准语的语文教育活动，它在增进群众文化知识、传播国家主流意识形态和加强群众的政治认同方面也发挥了积极的教育和政治功用，产生了重要的历史影响。

从语言学习角度来看，这场"推普"运动取得了一定的成绩。在青少年中，"推普"成效是最好的。各地幼儿园和中小学开始教学普通话，并形成制度化的教学科目。以江苏省为例，据统计，截至1960年初，该省全日制中小学、师范、幼儿园教师中学会拼音字母能进行普通话教学的有107033人，比1957年增加53%，学会拼音字母，能说普通话的中小学、师范和幼儿园中的学生达到1756209人[①]。农村地区讲普通话的风气也初见成效。到1960年，江苏省昆山、新沂、沭阳等县已有80万工农群众学会了和正在学习普通话。昆山县菉葭大队支书张阿东同志国庆节到北京观礼，对报告、经验介绍中的普通话，全能听得懂，自己讲课别人听起来也无大隔阂。沭阳县的百货商店有一名59岁的售货员，用注音识字的办法扫了盲，目前对外地顾客都讲普通话[②]。河北省河间县和肃宁县合并之后，人口共有61万，青壮年有112089人，其中90%以上已经学过了普通话和拼音字母，70%~80%较为熟悉[③]。山西省稷山县贾村公社青谷村学会普通话的有1149人，占全村人数的93%；在孙吉公社王显庄，学会说普通话的有1165人，占全村人数的83%[④]。江西婺源秋口人民公社词坑大队是一个偏僻的山村，原有5名复员军人和4位小学教师，13名扫盲教师和50多名

[①]《两年来普通话推广工作总结（草稿）》（1960年7月27日），江苏省档案馆藏，档案号：4013-003-1428。

[②]《两年来普通话推广工作总结（草稿）》（1960年7月27日），江苏省档案馆藏，档案号：4013-003-1428。

[③]《介绍河北省河间县推广普通话和拼音字母的经验》，《文字改革》1959年第1期，第6页。

[④]山西省稷山县委文卫部：《召开推广汉语拼音字母和普通话现场会议的收获》，《文字改革》1959年第6期，第10页。

小学生能讲些普通话，在大队党支部的号召之下，经过三个月的学习，全队有543人会讲和坚持讲普通话，占全队人数95%以上①。四川省叙永县五星农业社的少年和青壮年共计119人，大部分人能说一点普通话，其中一半以上说得比较流利，35个幼儿也普遍能够唱普通话的歌谣②。

幼儿园孩子们在学习拼音字母

社员在生产休息时学习拼音字母

福建省的"推普"成绩最为出色。在1958年期间，福建大田县5.95万个青壮年中，有5.12万人会讲普通话，约占86.5%；1.89万名少年中，有1.82万人会讲普通话，约占96%。全县有30个乡镇基本普及了普通话，占

---

① 江西省婺源县文教局：《我县是怎样推广普通话的》，中国文字改革委员会研究推广处编：《第二次全国普通话教学成绩观摩会资料选编》，文字改革出版社1960年版，第91—92页。

② 四川省叙永县文教科：《五星农业社推广普通话的经验》，《文字改革》1959年第8期，第8页。

91%①。1958年初，在方言复杂的福建大田县吴山乡2000多个青壮年中，学会听和讲普通话的已达77.7%，全乡111个共青团员，百分之百都做到了能听会讲，老年人一般也都可以听一些、讲几句②。因为有大田县作为示范，加上福建省委的大力提倡，顺昌、云霄、莆田、建阳、龙溪等县相继普及了普通话。到1960年底，中国文字改革委员会副研究员黄世荣到福州、泉州、厦门、南平、将乐等地与车工、店员、农民、儿童都能用普通话进行攀谈③。根据东山县的港西、宫前两个生产队的调查资料来看，福建省基层生产队也取得了不错的"推普"成绩。港西生产队有992人，共计251户，是一个纯农业的大队；宫前生产大队1524人，共计316户，是一个渔农业混合的生产队。青壮年中普通话的推广率，港西为66.9%，宫前为35.8%；青壮年说得较好的港西占30.4%，宫前占15.5%④。尽管这两个生产队的普通话推广质量不高，但与1949年前两队每村不到三五人会说普通话的情况相比，这一时期"推普"成绩进步巨大。

尽管与近代国语运动相比，新中国的"推普"成绩取得了较大进步，但我们也不能过高估计这场"推普"运动的学习成效。因为各地对于什么叫作学会拼音字母，有多少青壮年学会普通话才算是普及了普通话，还缺乏统一标准。比如，在昆山吴语区就规定"能听懂普通话，说出话来又能为北方人听懂，这就是初步学会普通话"；新沂是北方话区，在昆山之上又增加了"凡说话改变乡音乡调的，就是初步学会普通话"。什么叫作学会拼音字母，昆山、新沂都没有规定，一些乡社干部把尚未学会拼音的人，有时把仅学会一半字母的人，也计算在学会拼音字母人数之内。因此，在两县统计数字内，实际包括一部分仅仅是认识一半字母的人在内⑤。在全国"推普"大跃进的潮流之中，各地统计数据并没有统一的客观标

---

① 大田县地方志编纂委员会编：《大田县志》，中华书局1996年版，第809—810页。
② 吴尔祥：《推广普通话的一面红旗》，《文汇报》1958年7月31日，第2版。
③ 徐世荣：《福建省推广普通话工作新貌》，《文字改革》1961年第1期，第22页。
④ 施效人：《两个生产队的推广普通话和注音识字情况调查》，《文字改革》1961年第10期，第15页。
⑤ 《1958年普通话推广工作小结》(初稿)，江苏省档案馆藏，档案号：4013-003-1131。

准,且存在着虚报现象。

通过群众运动来推广普通话所取得的成效并不均衡,过程也较为复杂,各地情况大有不同。与福建省相比,广东省"推普"的总体成绩虽有所提高,但并不尽如人意。从1959年初,广东省推广普通话工作组对该省23个县市的调查情况来看,怀集、连县和雷北等县推广普通话并没有形成群众运动,差不多每个县市都存在着空白点。雷北、那大等县长时期没有成立推广机构,也没有专人负责。有些地区虽成立了推普机构,但形同虚设,没有发挥作用。有些基层干部基于现实形势考虑,认为完成生产任务远比学习普通话重要,因而在两者之间做出取舍。通过群众运动来推广普通话也很难有持久性,广东很多县市推广普通话工作形成群众运动之后,很快就冷却下来。不少地方的"推普"运动形成了"上面抓一抓,下面就动一下,上面抓得不紧,下面就完全松下来"的窘状。有些群众不愿意学习普通话,主管部门只能采取消极制裁的办法,如韶关市太平街居民委员会定出不讲普通话罚款的办法,也有地方采用不讲普通话不准吃菜或罚打扫厕所等做法[1]。福建省在推广普通话过程中,有些地方也曾提出"消灭方言的口号",以行政命令,强迫民众说普通话[2]。这种做法当然违背了中央政府的"推普"政策。推广普通话较好的江苏也有一些公社因放松了领导,出现普通话回生现象[3]。湖北省从1955年下半年开始教学普通话,师范和小学成绩最好,不少学生学会了拼音字母,利用拼音字母来自行识字和正音,但大多数学校对推广普通话的长期性、艰巨性认识不足,在学校内只是一阵风,"向社会推广的工作做得更差"[4]。截至1963年,在社会层面,推广普通话思想障碍还很大,有的县、市没有把普通话教学工作列

---

① 广东省推广普通话工作组:《对英德等23个县市推广普通话工作的检查》,《文字改革》1959年第8期,第2页。

② 福建省教育厅:《福建省1958年推广普通话工作总结及1959年计划》,《文字改革》1959年第4期,第6页。

③《两年来普通话推广工作总结(草稿)》(1960年7月27日),江苏省档案馆藏,档案号:4013-003-1428。

④《关于推广普通话的问题的报告》(1959年5月21日),湖北省档案馆藏,档案号:SZ118-02-0340-003。

到工作日程上来，教育行政部门也无人专管或监管这项工作①。这些历史事实也进一步说明，虽然中国共产党严密的组织体系和强大的动员能力可以促使"推普"形成群众运动，但由于受物质条件和社会环境的限制，再加上各地党员干部和群众的主观认识和客观需求不同，如果得不到下层的主动配合，这样的"推普"运动就很难有持久力。

从文化教育角度来看，推广普通话是通过拼音字母来认识汉字和学习普通话的过程，民众的识字率得到一定程度的提高和巩固，这也是中央政府当时将"推普"运动与注音识字运动合二为一的重要原因②。推广普通话并不单纯是拼音字母和汉字的识读教育，"推普"运动也是群众学习文化知识的过程。比如，新沂县农业部门结合新技术的推广，编写了以植树造林为主题的普通话读本；水利工地编写水利民工普通话读本，结合生产教词语，如抬框、挖土、布种、开河等，通过讲授水利常识学习普通话；工商联编印了"购买货物"对话教材，以满足店员日常工作需要③。昆山县南洪乡星光一社结合生产技术编写了"治螟""水稻追肥""消灭蚊子苍蝇""秋收秋种"等短文④。广东潮阳县夏东埔村推广员经常分散下户包教一些中老年妇女，如碰到妇女在烧饭时就教他"淘米""煮饭""碗""筷子"等词语，对在地下除草除虫的人就教"锄头""除草""除虫"，看到社员挑尿就教挑者学"尿""扁担""尿桶"等词语⑤。1959下半年之后，"推普"运动与注音识字运动的结合，又进一步推动了生产、生活的文化知识在基层社会的传播。山东万荣县农民学会拼音字母之后，可以看懂注

①《汇报湖北省拼音与普通话教学情况》(1963年7月26日)，湖北省档案馆藏，档案号：SZ118-02-0584-006。

②《对中央转发山西省委推广万荣县注音扫盲经验报告的指示稿的批语和修改》(1960年4月20日)，中共中央党史和文献研究院编：《建国以来毛泽东文稿》(第15册)，中央文献出版社2023年版，第173—174页注释部分；《中共中央关于推广注音识字的指示》，文字改革出版社1960年版，第2页。

③《1958年普通话推广工作小结》(初稿)，江苏省档案馆藏，档案号：4013-003-1131。

④昆山县南港乡星光一社普通话推广小组：《在农民中推广普通话和教学汉语拼音字母的方法》，《语文知识》1958年第11期，第8页。

⑤潮阳县文教局：《学吴山 赶吴山：夏东浦村也放出普通话卫星》，《文字改革》1958年第15期，第3页。

音读物《黑妮种棉》《怎样消灭棉蚜》《怎样消灭红蜘蛛》《模范饲养员》[①]。因为将教学普通话与群众平时的生产、生活相结合，这场运动或多或少地让普通群众习得了一些与方言土语不同的新型词语，获得了一些关于生产技术、科学和卫生的新观念。

推广普通话运动是这一时期政府和教育部门推进主流意识形态大众化的重要路径，普通话读物所承载的内容就体现了这一点。福建大田县文江乡民师将党在各个时期所提出的政治任务，如亩肥一万斤、亩产万斤粮，反对英美帝国主义侵略中东作为教学内容[②]。河南登封县背阴坡村217户每一户都有五六块小黑板，黑板上普遍写着学员自编的快板（快板上拼音，标四声）来宣传"大跃进"和人民公社的好处，"鼓足干劲争上游，工业农业双丰收；多快好省搞建设，人民公社乐千秋"[③]。山东邹平县郑马乡自编的注音课本，介绍突击种麦、深翻地的做法，宣传大搞钢铁的内容；《农村大跃进歌谣选》也成为润西大队学员的自学读物[④]。河南范县编写的教材课文有的直接从当地的墙头诗中选出来，课文内容不仅结合乡土文化，如编"说范县"等快板，更多的是结合政治和中心工作的内容，如追施肥、肥是地里宝（积肥谣）等歌谣[⑤]。江西婺源县秋口公社词坑大队的民师在教群众学普通话时候，从具体的事物名称讲起，如"吃饭""开会""生产"，然后逐步学讲与时政有关的词句，如总路线的内容，再结合收听广播正音，学习普通话[⑥]。

① 胡愈之：《汉语拼音方案是文化革命的有效武器》（1960年），《胡愈之文集》（第5卷），生活·读书·新知三联书店1996年版，第551页。

② 中共大田县委员会：《八年努力 两月苦战：福建省大田县基本上普及了普通话》，《文字改革》第116期，《光明日报》1958年9月8日，第8版；《福建农民勤学苦练普通话》，《文汇报》1958年10月5日，第5版。

③ 郭明治：《河南登封县背阴坡、三官庙推行汉语拼音字母和推广普通话的经验介绍》，《语文知识》1958年第12期，第20—21页。

④ 唐捷：《山东省用汉语拼音字母巩固扫盲成果和推广普通话的情况》，《中国语文》1959年第2期，第63—64页。

⑤ 丛林：《在农村中推广普通话的几点经验》，《文字改革》1959年第10期，第11页。

⑥ 江西省婺源县文教局：《我县是怎样推广普通话的》，中国文字改革委员会研究推广处编：《第二次全国普通话教学成绩观摩会资料选编》，文字改革出版社1960年，第94页。

　　"推普"运动与注音识字运动的结合，也加速了主流意识形态在基层社会的下渗。山东平原县、浙江桐庐县的群众依靠拼音字母开展了学习毛泽东的《矛盾论》《实践论》《关于正确处理人民内部矛盾的问题》著作的运动①。农民不一定懂得其中的哲学深意，但这种政治思想的影响是潜移默化的。山西万荣县青年农民程宽牛学会拼音字母之后，利用拼音字母读了近百本注音的小册子。他通过阅读黄继光、罗盛教的故事来感受革命英雄主义和国际主义精神，通过阅读《刘介梅忘本回头》的故事进一步萌发出感恩和阶级意识，压制自己内心"冒尖"的中农思想。农民王月欠读过《赞英雄》的注音小书，认识到自己过去劳动消极怠工的态度是错误的②。党和政府借助推广普通话运动将主流意识形态传达给基层群众，进一步强化了民众的政治认同和阶级情感。

　　伴随着新中国成立初期土地改革运动、"三反""五反"运动、社会主义改造和"大跃进"等社会改革和政治运动的合力推进，中共所推行的政治宣传、扫盲运动和"推普"运动都促使农村方言土语发生了一定程度的变化，对农村基层政治文化的形成亦产生了一定的影响。据时人的社会调查发现，安徽贵池县乌沙公社幸福大队党支书胡子孝仅具有初小程度，听报告时还不能记录内容，但他已掌握了大量的新词语。在一次生产队长会议上，他谈到1958年的分配问题，运用了157个新词。其中，抽象性词语如"原则、典型、性质、体现、政策、过渡、运动、总结、决议、认识"等，达到了32个，占到他讲话中全部新词的1/5。实际上，这并不是个案，诸如"干劲、上游、跃进、技术革命、文化革命、协作、政治挂帅、大鸣大放、破除迷信、解放思想、辩论、积极、批评、表扬、红旗、立场、改造、路线、翻身、民主、先进、启发、竞赛、高潮、出勤、成就、运动、超额、评比"等新词新语在农村日常语言中的使用已较为广泛，许多干部

---

　　① 余辉音:《平原:注音识字的一面红旗》,《人民日报》1960年6月14日,第4版;《注音识字开红花,全民学习普通话》,《文汇报》1960年6月9日,第3版。

　　② 本社编:《山西省推行注音扫盲和推广普通话万荣现场会议资料汇编》,文字改革出版社1960年版,第32、65页。

和群众也能够听懂普通话的广播和阅读报纸了，并能懂得"物质、矛盾、世界观、唯物、辩证"等一些哲学用语的意思[①]。通过考察农村日常用语的变化也能够看出，"推普"运动助推了新中国政治社会化的历史进程。

[①] 朱兴华、金连城：《十年来我国农村语言的变化和发展》，《中国语文》1959 年第 6 期，第 252—253 页。

结　语

　　文字改革作为新中国国家建设的重要组成部分，是当时政治、经济、文化、社会等内外因素共同促成的结果，有其历史的必然性和现实条件。这项文字改革运动基本奠定了20世纪80年代以后中国语文规划和应用格局，亦对现代中国的政治、文化、社会生活等方面产生了深远影响。

一、文字改革与中国共产党人的初心

　　1955年4月11日，吴宓在《重庆日报》上读到中国文字改革委员会公布的汉字简化方案草案时，对文字改革提出了激烈的批评。他认为政府废除汉字，推行拼音文字，其目的都是苏化，"今政府既久以'一边倒''全面学苏联''认真学苏联'为号召，一切政策本此以行，决无游移与例外。则又安望其不尽废"[①]。囿于历史局限和意识形态的隔膜，后来一些海外学者也认为中国共产党推行的文字改革是苏俄"语文同化政策"的产物，是为了"消灭汉字"，破除中国传统文化。对于共产党人提出文字改革的意图和目的，一些人对新中国成立初期文字改革的具体历史过程缺乏深入了解和研究，大都先入为主，甚至依据个人主观想象而作出了错误的判断和评价。

---

① 吴宓著，吴学昭整理注释：《吴宓日记续编（1954—1956）》（第2册），生活·读书·新知三联书店2006年版，第149页。

　　鸦片战争之后，在西方工业文明强势冲击之下，在清末就有人提出了废除汉字的论调，到了民国初年新文化运动时期，钱玄同等又进一步宣扬废除汉字的言论，这种激进言论与20世纪30年代阶级革命论相结合之后，废除汉字、推行拼音文字的呼声在左翼文化界形成了一种主导话语。在苏联经验与中国问题的互动影响中，共产党人将文字改革与文化大众化、阶级革命和政权建设联系在一起，赋予汉字改革多重政治意义。毫无疑问，1949年之前的拉丁化新文字运动的理论和实践经验对新中国文字改革产生了很大影响，但随着政治地位和社会形势的变化，中国共产党的文字改革理念亦发生了重大变化。1949年新中国成立之后，中国共产党重新启动文字改革。在新中国的文字改革倡议中，一方面，共产党人极力赞同文字改革，主张在未来推行拼音文字；另一方面，他们对汉字的历史地位和作用也有着理性的认知。吴玉章曾在1955年的全国文字改革会议的报告中指出："汉字在我国人民的悠久的文化历史中有过伟大的贡献，它对于我国社会生活的各方面有着深广的影响。"[①]《光明日报》的社论也曾评价说："汉字是世界上最优美的文字之一，曾为我国的政治、经济、文化和人民的日常生活服务了好几千年，有伟大的功绩。"[②]虽然毛泽东在1951年对文字改革工作者提出了"文字必须改革，要走世界文字共同的拼音方向"的指示，这个最高指示对当时的汉字拼音化工作产生了重要推动作用，很多文字改革工作者积极响应这一指示，参与到文字改革运动中来。但是，我们也应看到，这一时期的文字改革者虽然极力赞同汉字拼音化，但并没有主张要废除汉字，很多知识分子已经认识到废除汉字是一种错误的、不切实际的思想。魏建功曾反思说，五四时期有人"把思想内容的革命意义混做文字工具的革命，才有了'废除汉字'的错误做法"，他认为这种废除汉字理论是不合于马列主义的[③]。而在共产党人的设想中，未来即使推

---

　　① 吴玉章:《文字必须在一定条件下加以改革:在全国文字改革会议上的报告》,《人民日报》1955年10月24日,第3版。

　　② 社论:《简化汉字,走文字改革的第一步》,《光明日报》1955年2月2日,第1版。

　　③ 魏建功:《驳唐兰先生的文字改革论》,《中国语文》1956年第2期,第15页。

行拼音文字，汉字也是不可能废除掉的。1956年3月，吴玉章在政协全国委员会常务委员会第十八次扩大会议上的报告中明确指出："我们主张改革汉字，但是并不主张废除汉字。汉字是会永远存在的，永远有人学习，永远有人使用。即使将来实行拼音文字之后，汉字也还是存在的，还要有人学习，有人使用"，并且"学会了拼音文字之后，还要进一步学习汉字，而且要精通汉字，他们好来整理我国古代的文化遗产"[①]。实际上，早在1948年的时候，刘少奇就指出了民族语言文字与爱国主义之间的重要关联。他在《论国际主义与民族主义》一文中曾指出："真正的爱国主义乃是对于数千年来世代相传的自己祖国、自己人民、自己语言文字以及自己民族的优秀传统之热爱。"[②]从这点也可以看出，共产党人在文字改革问题上并不是文化虚无主义者。当然，共产党人对祖国语言文字的热爱并不是局限于全盘继承和接收，而是立足于时代的变化，有意识地进行创造性继承和转化。

由于当时汉字拼音化改革的理论和实践条件并不成熟，存在诸多问题和争议。所以，毛泽东同意首先进行汉字简化改革，这也是切实可行的做法。正如当时叶圣陶所观察到的，"大致毛主席、周总理及一班注重实际之负责人皆不主张废汉字，而唯欲改繁复笔划之字为简字"[③]。虽然文字改革工作者在主观上希望将汉语拼音方案作为一种拼音文字来研制和试验，但在汉语拼音方案出台之后，党中央进一步明确了汉语拼音方案的功能和地位。1957年11月1日，国务院召开第六十次全体会议，在讨论汉语拼音方案时，周恩来明确指出："汉语拼音方案只限于汉字拼音，不是为废除文字，草案公布后，文字改革委员会要讲清楚，以减少群众顾虑，消

---

① 吴玉章：《关于汉语拼音方案（草案）：在政协全国委员会常务委员会第十八次会议（扩大）上的报告》，《人民日报》1956年3月7日，第3版。

② 刘少奇：《论国际主义与民族主义》（1948年11月1日），金炳镐编著《民族纲领政策文献选编》第1编，中央民族大学出版社2006年版，第393页。

③ 叶至善整理：《叶圣陶日记》（中），商务印书馆2018年版，第1283页。

除人们的误会。"①1960年，周恩来在向斯诺解释中国文字改革时也说，采用拉丁字母拼写汉语，"只限于打破群众文盲和帮助儿童迅速掌握文字这两个尝试上"，"当他们认识了文字之后，他们便放弃'汉语拼音'"②。关于汉字前途的问题，在知识分子内部有争议，在国家层面没有形成定论，党和政府也没有以任何正式文告的形式提出要废除汉字的指示。1958年1月10日，周恩来在政协全国委员会举行的报告会上就汉字前途问题作出公开说明：至于汉字的前途，"这个问题我们现在还不忙作出结论"，"大家有不同的意见，可以争鸣，我在这里不打算多谈，因为这不属于当前文字改革任务的范围"③。周恩来的讲话体现出共产党人在文字改革问题上是持有实事求是态度的，而正是这一理性开放的态度客观上为改革开放以后文字改革工作方向的转变预留了空间。

　　汉字改革的出发点并不是为了"苏化"，而是基于人民和国家利益的考虑。有人认为中国共产党领导的文字改革是苏联大国沙文主义侵略的结果，是苏化的产物，这是一种没有根据的曲解。十月革命之后，列宁提出了文字的拉丁化、国际化的问题，认为文字拉丁化是"东方伟大的革命"的组成部分。20世纪30年代，吴玉章、瞿秋白等在苏联汉学家的支持下，研究拟订了中国的拉丁化新文字，并在侨居苏联的中国工人中推行，以解决扫盲问题，后来陕甘宁边区也推行过拉丁化新文字。不可否认，新民主主义革命时期拉丁化新文字运动和新中国成立初期的文字改革都受到苏联方面的影响和支持，但这是党推行文字改革外在的影响因素，而不是内在根据。

　　以今天的后见之明来看，汉字拼音化运动是难以完成的历史任务，但自晚清以来，诸多知识分子为何一直执着于此，投入文字改革的滚滚洪流

　　① 中共中央文献研究室编：《周恩来年谱：1949—1976》（中），中央文献出版社2007年版，第92—93页。

　　② 埃德加·斯诺著，新民译：《大河彼岸》（又名《今日的红色中国》），新华出版社1984年版，第82页。

　　③ 周恩来：《当前文字改革的任务》（1958年1月10日在政协全国委员会举行的报告会上的报告），《人民日报》1958年1月13日，第2版。

之中？有论者认为，这是中共和文字改革者想要消灭汉字，破坏传统文化①。这显然是不符合历史事实的评价。1892年，清末"切音新字"的创制者卢戆章提倡切音字母时就说到，西方和日本因为使用拼音字母，文教大兴。中国要想富强必须建基于"切音为字"，拼音文字易学易认，只有使用此种拼音文字，民众才能最快速度做到好学识理，"省费十余载之光阴，将此光阴专攻于算学、格致、化学以及种种之实学，何患国不富强也哉？"②1953年，新中国工业化建设刚刚起步，胡愈之在与吴玉章讨论文字改革时也表达了这样的愿望，目前最迫切的任务，"无过于提高工农政治、文化、技术水准，但要这样做，首先就得进行消灭文盲。而要消灭文盲，如果不依靠拼音字作武器是没有成功希望的"，"我们要是把文字改革工作拖延一年，全国百分之八十以上的工农大众的文化技术水准的提高，也就要拖延一年，至少拖延半年。这还能再等待吗？"③后人或可批评当时文字改革理论的偏狭性，甚至于否定汉字拼音化的主张，但我们不能否定的是，相隔六十年之久的文字改革话语中所蕴含的"智民强国"的爱国主义情怀是相通的。可以说，迫切追求国家富强是近代以来文字改革者投身这场运动最重要的内在动力。

毛泽东曾在《关于正确处理人民内部矛盾的问题》报告中指出："我们作计划、办事、想问题，都要从我国有六亿人口这一点出发，千万不要忘记这一点。"④从追求国家富强和民族复兴角度而言，中国共产党继承了近代以来众多仁人志士所追求的智民强国的夙愿，文字改革归根结底是为了识字扫盲和文化普及，便于人民更好地学习文化知识，服务于社会主义国家建设。尽管我们不能否认，由于深受时代主观认知水平的局限和政治

① 汪学文：《中共文字改革之演变与结局》，（台北）"国立"政治大学国际关系研究中心1983年印行；刘胜骥：《中共改革汉字汉语之运动》，《"国立"政治大学历史学报》（台湾）2001年第18期。
② 《中国第一快切音新字原序》，卢戆章：《一目了然初阶》（1892年），文字改革出版社1956年版，第3—4页。
③ 《胡愈之致吴玉章信》（1953年5月29日），程文、陈岳军编著：《吴玉章往来书信集》，重庆大学出版社1993年版，第217页。
④ 《关于正确处理人民内部矛盾的问题》（1957年2月27日），中共中央党史和文献研究院编：《建国以来毛泽东文稿》（第11册），中央文献出版社2023年版，第283页。

社会环境的影响，文字改革工作者所提出的汉字拼音化改革理论存在诸多问题和漏洞，但共产党人从人民和国家的利益出发提出文字改革的初心是不容抹杀的，此项工作也深刻体现了中国共产党的人民性特质。

二、群众力量与汉字简化改革

近代以来，在列强入侵和民族危亡的历史语境中所产生的汉字拼音化思想一直影响着中国共产党人和知识分子。在"汉字落后论"的影响下，文字改革者以推行拼音文字作为中国文字改革的最终目标，试图通过改革文字来智民强国。在新中国的文字改革战略中，汉字简化改革是文字改革三大任务之一，也是汉字拼音化的重要组成部分。在新中国汉字拼音化改革的理论和现实问题仍未解决的情况下，为了更快地扫除文盲和发展文化，进行汉字简化成为共产党人一种较为现实而符合实际的选择。

中国共产党利用政治力量推动汉字简化改革具有极大的政治象征意义。胡乔木曾说："汉字的简体是历来存在的，可是汉字简化成为一个国家的工作，我们这次还是第一次，过去历史上，没有做过这样的工作。这是反映了我们国家政权的变化。"①国家承认简化字，与其说认同群众创造的"俗字""解放字"，不如说是承认这些字体背后隐性存在着的主体力量——工农群众。1956年，周恩来就认同了群众力量才是简化汉字改革的主要动力，"青年人逼着我们简化汉字，力量很大，不可抗拒。学生记笔记用简体字才能记得快。翻译要译得好，不用简体字迅速记下来是不行的。工厂里许多工作程序，机关办公，都要快。因此，他们自己创造了很多简体字。这个问题是群众性的创造，群众需要形成群众力量，推动我们前进。"②中华人民共和国的成立代表着人民的"政治翻身"，而推行简化

---

① 胡乔木：《在全国文字改革会议上的发言》(1955年10月23日)，《胡乔木传》编写组编：《胡乔木谈语言文字》(增订本)，人民出版社2015年版，第97页。

② 中共中央文献研究室编：《周恩来年谱：1949—1976》(上)，中央文献出版社2007年版，第578页。

字则代表着新政权为实现人民群众在文化上的翻身而作出的及时改变。从这个角度而言，这一改革正与新政权的人民当家作主性质相符合。

推行简化字受到工农群众的普遍欢迎，也进一步增强了工农群众对中国共产党的政治认同感。简化字推行之后，东北地区的劳动模范赵清高兴不已，他回忆说："这个痛苦说不尽，都是旧社会给我们带来的。过去穷人家的孩子哪能上学，连吃都吃不上。今天毛主席给我们创造了一个新社会，叫我们上学，可是汉字很复杂，笔画又稠，写出一个字来不是多一笔，就是少两笔，尤其是在15画以上的字，更不好写了。我们都是半路出家的成年人，多困难呢！"①在当时的文字改革话语建构之中，繁体字与旧社会、旧的统治阶级相联系，简体字与新国家、工农阶级相联系。带着在旧社会学习繁体字，甚至于没有机会上学的痛苦记忆，群众欣喜地迎接着简化字，希冀能突破繁体字的文化围困。就是在这样一种新旧、难易的对比之中，工农群众进一步加深了对新政权的认识。有些政治觉悟较高的农民曾这样讲："现在的政府是为我们农民着想的，写这个便当字也是为了提高我们的文化。"②河南省固始县洪塘乡的农民文盲在学会一些简化汉字之后，兴奋地唱道："文盲识字难，看到繁字没法办，政府把字一简化，学习少出多少汗，文盲帽子摘得快，生产工作当模范。"③这首歌代表着广大农民对简化汉字的欢喜心情。简化字删减了汉字的笔画，却因此增强了工农群众对于新政权的政治认同。从后来的实际成效来看，推行简化字对于扫除文盲、提高群众的文化水平的确发挥了重要作用。

《汉字简化方案》分批推行之后，受到了广大群众的欢迎，但由于各方主观认识不同，也引起了复杂的社会反应。一是群众和学生中出现了相

① 赵清：《使我们可以在文化上得到翻身》，《文字改革》第35期，《光明日报》1955年7月6日，第3版。

②《何养初代表的发言》，全国文字改革会议秘书处编：《全国文字改革会议文件汇编》，文字改革出版社1957年版，第134页。

③ 杨和清：《信阳专区在开展扫盲工作中积极推广简化汉字》，《扫盲通讯（农民版）》1956年第11期，第11页。

当严重的"任意滥造滥用简化字的现象"①，甚至一些出版物上使用的简
化字也参差不齐；二是一些知识分子对《汉字简化方案》提出了许多意
见，集中在同音替代简化字和偏旁类推的问题上。为了对已经推行并经修
订补充的简化字进行总结，改变社会使用简化字的一些混乱现象，中国文
字改革委员会于1961年自行制作了《简化汉字总表》，准备将其公布，作
为社会标准，以便报纸、刊物、图书和课本普遍使用②。不过，周恩来对
中国文字改革委员会没有经过各方讨论和征求意见，就仓促制定和公布
《简化汉字总表》的做法表示不满。1962年5月20日，周恩来对中国文字
改革委员会负责同志当面指示："简化字应当邀请各方面人士重新讨论，
如有不同意见或反对意见，必须虚心接纳，即使国务院已经公布的简化
字，如大家有意见，也可以考虑重新修改。"③此后，按照周恩来的指示，
中国文字改革委员会暂停公布《简化汉字总表》，并会同中国人民政治协
商会议全国委员会文化教育组、文化部、宣传部等部门采取座谈、通信、
访问等方式，广泛征求中央各部门、省、市、自治区宣传和教育部门负责
同志和高级知识分子、新闻出版界人士以及中小学教师、工人、农民等对
《汉字简化方案》的意见，成立了由丁西林主持，叶圣陶、吕叔湘、黎锦
熙和魏建功等组成的汉字简化方案修订小组，对汉字简化方案进行了总结
修订④。

　　值得注意的是，如何处理群众所创造的新简化字也是修订汉字简化方
案过程中要回应的另一个重要问题。自1958年《汉语拼音方案》颁布之

①《反对滥造滥用简化字》，《人民日报》1962年11月17日，第2版；《汇报湖北省拼音与普通话教
学情况》（1963年7月26日），湖北省档案馆藏，档案号：SZ118-02-0584-006。

② 中国文字改革委员会、中华人民共和国文化部、中华人民共和国教育部：《关于公布〈简化汉字
总表〉的联合通知》（1962年4月16日），湖北省档案馆藏，档案号：SZ118-02-0512-003。

③《文字改革》杂志编辑部编：《建国以来文字改革工作编年记事》，文字改革出版社1985年版，第
136页。

④《国务院关于同意中国文字改革委员会简化字问题的请示的通知》（1964年2月4日），国务院
法制局编：《中华人民共和国现行法规汇编·教科文卫卷》（1949—1985），人民出版社1987年版，第
382—383页；《文字改革》杂志编辑部编：《建国以来文字改革工作编年记事》，文字改革出版社1985年
版，第136—148页。

后，在工农业"大跃进"运动的影响下，这一时期的识字扫盲运动也进入了跃进阶段。为了加速扫盲和减轻儿童学习负担，1960年4月22日，中共中央在批转山西省委关于推广万荣县注音扫盲报告的指示中指出，"现有的汉字在今年还必须再简化一批，尽可能使每一字一般不到十笔或不超过十笔，使难写难认、容易写错认错的字逐渐淘汰"，而实现这一任务"必须依靠广大群众而不是依靠少数专家，广大群众对此是十分热心和有办法的"；中共中央要求"各省市区党委指令当地有关部门在今年第二季度提出一批新简化字的建议，报告中央文字改革委员会综合整理后送中央审定"①。为了执行中共中央继续简化汉字的指示，1960年6月4日，中华人民共和国教育部、文化部、中国文字改革委员会联合向各省、市、自治区教育厅（局）、文化部门发出《关于征集新简化字的通知》，制定了征集新简化字的办法。该项通知指出，继续简化汉字的重要依据就是"近几年来各地群众创造的新简化字"②。通知发出以后，中国文字改革委员会陆续收到了各地推荐的新简化字材料。

在讨论《汉字简化方案》修改意见过程中，各方没有根本反对简化汉字的意见，但都希望政府制止滥造滥用简体字的行为，主张原方案可能少改动。至于要不要补充新的简化字，知识分子的意见有所分歧，"小学和扫盲教师主张多增加一些，中学教师主张少增加一些，高级知识分子希望汉字简化工作稳定一个时期"③。中共中央的指示和中国文字改革委员会提出的征集新简化字的办法主观上是为了加快识字扫盲的需要，同时也回应了一些人对此前汉字简化不够的批评，两者都有意凸显了"群众"的主体地位和诉求，其目的是善意的。但是，由于受"大跃进"思维的影响，中共中央提出的简化汉字的进度和笔画数的要求却缺乏客观基础和科学依

---

① 中央档案馆、中共中央文献研究室编：《中共中央文件选集》(第33册)，人民出版社2013年版，第542页。

②《关于征集新简化字的通知》(1960年6月4日)，《文字改革》1960年第11期，第4页。

③《文字改革》杂志编辑部编：《建国以来文字改革工作编年记事》，文字改革出版社1985年版，第143页。

据①。这些新简化字大多是群众新创造的，也远未达到"约定俗成"。如果仅仅依靠普通群众的简化习惯和一味求简的意愿来主导汉字简化的方向，强行加入新简化字，这不但不利于汉字简化工作的稳定，甚至会引起更多的社会争议，徒增推行阻力。所以，随着国民经济的调整和恢复，经过近两年时间的征求意见，为了保持简化字的稳定性和规范性，中国文字改革委员会于1964年颁布的《简化字总表》中并没有增加新简化字，只是对原方案中的极少数简化字作了修改，减少了易于混淆的同音代替的简化字，对偏旁简化及类推等问题作了明确的限定，确立了简化字的标准和规范②。

"文革"期间，受极"左"思潮的影响，继续简化汉字的思想进一步发展，中国文字改革委员会依据1960年以后各地征集、报送和群众推荐的新简化字资料拟制了《第二次汉字简化方案（草案）》（1977年12月20日发表），但在1978年初征求社会意见过程中，社会各界对"二简"方案（草案）争议颇大，反映了很多意见，也引起党和国家领导人的注意③。经中共中央批准，教育部和中宣部随即发出通知，要求课本、教科书和图书、报纸和刊物停止使用新简化字④。改革开放初期，在对《第二次汉字简化方案（草案）》修订的过程中，社会各界对要不要正式公布、使用这批新简化字，一直存在着不同意见。作为社会交流工具，文字本身具有一定的稳定性和规范性，如果单纯追求简化，改变过快，必然会打破这种平衡局面，引起社会的反对。因考虑到"汉字形体在一个时期内需要保持相对稳定"，以及增加新简化字对即将出版的多种大型工具书和电子计算机汉字库固定存储芯片的负面影响，国家语言文字工作委员会向国务院建议废止《第二次汉字简化方案（草案）》。1986年，国务院在废止《第二次

---

①《当代中国的文字改革》编辑委员会编：《当代中国的文字改革》，当代中国出版社、香港祖国出版社2009年版，第65页。

②《〈简化字总表〉说明》（1964年5月），中国文字改革委员会编：《简化字总表》，文字改革出版社1964年版。

③《李先念传》编写组编：《李先念年谱》（第5卷），中央文献出版社2011年版，第581页。

④《教育部关于教材暂不使用新简化字的电话通知》（1978年4月7日），湖北省档案馆藏，档案号：SZ118-04-0678-003；《国家出版局关于停止试用新简化字的通知》（1978年7月29日），袁亮主编：《中华人民共和国出版史料》（第15册），中国书籍出版社2013年版，第346页。

汉字简化方案（草案）》的同时，再次肯定了《简化字总表》的价值和功用，并以此作为简化字的规范标准①。

自1909年陆费逵提倡俗体字以至改革开放初期的近70年的时间内，共有多套汉字简化方案被提出。与民国时期流产的汉字简化改革不同，新中国成立初期的汉字简化改革不仅得到了中央政府的鼎力支持，也得到了主流知识分子和工农大众的认可（尽管仍有少数人对简化字有不同意见），这是这次改革得以成功实施的原因之一。《第二次汉字简化方案（草案）》之所以被废止，是因为该套方案制订程序和简化方法都存在诸多不合理之处，难以达成社会共识②。与"二简"的废止对比来看，尽管新中国成立初期的汉字简化工作也存在着缺点，但《汉字简化方案》并非如有些海外学者所批评的那样，以为是中国共产党闭门造车，随意减省笔画，改变字形，使汉字混乱而便于废除汉字的产物③。如前文所述，新中国汉字简化改革是在中国共产党的领导下，主要由语言文字研究专家主导，在顺应了群众需求的同时，但又没有过分追求简化，走向"民粹"路线。在汉字简化方案的制订和推行过程中，文字改革工作者以"约定俗成"为基本原则，参考了近代以来学术界对简体字的研究成果，广泛征求社会各界的意见，对其作了有针对性的修改，分批推行，维护了汉字本身的稳定性和规范性，对当代中国的基础教育和文化传承起到重要作用。

三、汉字拼音化政策的转向

1949年中华人民共和国成立之后，不少知识分子对文字改革的前途充

---

① 《国务院批转国家语言文字工作委员会关于废止〈第二次汉字简化方案（草案）〉和纠正社会用字混乱现象请示的通知》（1986年6月24日），《中华人民共和国国务院公报》1986年第18期，第563—565页；刘导生：《从容忆往：95岁抒怀》，北京出版社2008年版，第284—287页。

② 有关"二简"方案的研究可参见陆锡兴：《"二简"研究》，《南昌大学学报》（人文社会科学版）2005年第2期；钱颖：《论〈第二次汉字简化方案（草案）之存废〉》，华中师范大学博士论文，2017年。

③ 汪学文：《中共文字改革之演变与结局》，（台北）"国立"政治大学国际关系研究中心1983年印行；亓婷婷：《从中共文字改革历史看简化字》，《台湾师范大学学报》（台北）2009年第2期。

满信心，"今天的情形完全不同了。中国已经解放，实现了多少年来人民所希望的统一，劳动人民已经做了国家的主人。阻碍文字改革的政治原因已经除去了"①。由于获得了政府和人民的支持，延续了近半个世纪的汉字拼音化改革进入了国家层面的议程。不过，和土耳其以及东亚其他国家的文字改革不同，对于中国而言，政治前提的改变并不是汉字拼音化成功与否的决定性因素。由于学者们对汉字的功用和价值有着不同的认识，汉字拼音化改革远没有达成集体共识，社会现实层面也存在着诸多障碍。

从理论前提来看，汉字是否到了非拼音化不可的地步尚且存在着争议。争论双方为了证明各自的主张，从不同方面寻找有利于自己的支撑理由，思维难免会陷入固定模式。反对者说汉语是单音节语，不适合使用拼音文字；而支持者则认为汉语是复音节语，拼音文字适合拼写汉语。汉字拉丁化是不是符合历史发展的客观规律，这是取决于学者从哪个角度和立场来论证这个问题。早在1947年的时候，语言学者张世禄曾从汉语自身性质角度来反对汉字拉丁化。他指出，综合中国语的各种性质和现象来观察，汉字之所以保持至今而未曾演变为标音文字，正是因为"受了文字所代表语言本身性质的影响而来，也可以说汉字的不能改革，正是由于适合中国语上单音缀的和孤立的两种特性使然"②。而到了新中国成立之后，张世禄又认为汉字与汉语之间存在着多重矛盾，他很快转变为汉字拼音化改革的积极支持者了③。这个例子也能从一个侧面说明，知识分子如何看待汉字拉丁化这个问题在理论上是有一定主观性的。

实际上，在近现代中国不同的历史时期，汉字能否拼音化的争论主题没变，但由于社会舆论发生了变化，对相同的问题给出的答案却可能不一样。有时，支持者的公开言论虽言之凿凿，但内心又不大认同。高名凯就举了一个很有意思的例子，林汉达虽公开发表文章主张汉语是复音节语

---

① 陈望道：《对文字改革提三点建议：在全国文字改革会议上的发言》，《中国语文》1955年第11期，第14页。

② 张世禄：《汉字拉丁化批判》，《文化先锋》1947年第25期，第5页。

③ 相关论点可参见张世禄：《汉字改革的理论和实践》，文字改革出版社1957年版。

言，但是私底下又认为按照汉语的规律来说，汉语是单音节的语言。为何有这样不统一的言行？因为支持者要使人相信汉语的特点不会妨害汉字改革，而不得不如此说，"因为人民需要复音节的语言，所以就得说汉语是复音节的语言"①。现代文字学家和语言学家指出，古汉语（先秦至隋唐）是单音节语，到了晚唐以后，近代汉语词汇系统中产生了一大批新词语，双音节词逐渐增多；现代汉语中双音节词占据绝对优势②。其实，汉语是复音节语言这个性质也并不决定汉字就一定能拉丁化。文字改革理论建基于汉语是复音节语的前提之上，认为汉字已经难以适应汉语的发展，需要进行拼音化改革。但是，汉字与汉语的矛盾是否已经到了不可调和的地步呢？连支持文字改革的倪海曙都不得不承认，汉字的符号效能虽然比不上拼音文字，但它的文字性效能并不差，"汉字还不是一种糟到不可使用的文字。相反，由于语言长期受到文字的逆影响，汉字的书面语倒是特别适宜用汉字来表达的。文言文不必说，白话文也何尝不如此！毛泽东的著作、鲁迅的作品，如果用拼音文字拼写出来，效果是不会比汉字原文更好的"③。由于在这种线性的文字进化论思想影响下，文字改革者单向度的论证思维导致了汉字拼音化的基本理论存在着诸多缺陷。

1966年初，周恩来在接见外宾时曾感叹道："拉丁拼音，推行时遇到很大阻力，能否代替汉字还是个问题。"④形成这样的局面，不仅由于汉字拼音化理论本身存在缺陷，也有其社会客观原因。从社会现实来看，汉字拼音化的种种困难和弊端是文字改革者一时难以克服的。当然，党和政府对此也有着清醒的认识。文字改革工作的领导者吴玉章、胡乔木等虽支持

---

① 高名凯：《关于文字改革》（1957年5月27日），《高名凯语言学论文集》，商务印书馆1990年版，第506、511页。

② 裘锡圭：《文字学概要》，商务印书馆2013年修订版，第15、18页；黄德宽：《书同文：汉字与中国文化》，江苏人民出版社2017年版，第108页；王力：《汉语史稿》，《王力文集》（第9卷），山东教育出版社1988年版，第449—452页；陆俭明、沈阳：《汉语和汉语研究十五讲》（第2版），北京大学出版社2016年版，第1、4页。

③ 倪海曙：《也谈汉字的前途》（1957年），倪海曙著作编辑小组：《倪海曙语文论集》，上海教育出版社1991年版，第47—48页。

④ 中共中央文献研究室编：《周恩来年谱：1949—1976》（下），中央文献出版社2007年版，第18页。

汉字拼音化改革，但他们也认识到，人民群众缺乏拼音的习惯，文化传统阻碍大；方言复杂，普通话没有普及；汉语词汇中同音词比较多；文化遗产难以处理。这些因素都决定了汉字拼音化必然是一个艰难的过程①。这些客观因素的限制亦不是政治权力所能极速改变的。

由于特定政治环境的影响，新中国成立初期文字改革在百家争鸣方面也留有缺陷和遗憾。未识字或识字甚少的群众欢迎文字改革，但一些知识分子对这项改革的评价就不那么令人满意了，这种不满意既受到他们对繁体字、古典文化的旧有习惯、情感的影响，也由于他们对文字改革工作程序的批评。文字改革中最突出的一个倾向就是，文字改革问题被过度政治化，学术界对文字改革的基本问题（汉字为什么要改革、汉字能不能改革、汉字如何改革）讨论和研究不够充分，有的议题有讨论但难以深入②。这些批评当然不是无中生有。胡乔木早就关注到文字改革在百家争鸣方面所存在的问题。1955年4月，他在写给吴玉章、胡愈之、韦悫、庄栋、郑之东等的信中批评说，《光明日报》的《文字改革》副刊在编辑方针上"长期地存在着关门主义的倾向，始终没有能够展开文字改革问题的自由辩论，没有能够联系对文字改革问题有兴趣有意见的各方面人士，因而引起许多读者的不满，大大缩小了文字改革宣传的影响，这是很不妥当的"③。胡愈之、邵力子等也承认文字改革基本理论问题争鸣不够，中国文字改革委员会在征集意见的工作上也存在着缺点④。1956年中共提出

---

① 胡乔木：《汉字简化和改革的问题》（1955年3月15日），《胡乔木传》编写组编：《胡乔木谈语言文字》（增订本），人民出版社2015年版，第81页；吴玉章：《中国文字改革的道路》，《人民日报》1956年1月1日，第3版。

② 陈梦家：《略论文字学》（1957年2月4日），《梦甲室存文》，中华书局2006年版，第238页；高名凯：《关于文字改革》（1957年5月27日），《高名凯语言学论文集》，商务印书馆1990年版，第511—512页；《学术界人士二次争鸣 文字改革的速度是快了还是慢了》，《光明日报》1957年5月21日，第1版；《文字改革问题应该大鸣大放：部分学术界人士在中国文字改革委员会座谈会上提出批评》，《光明日报》1957年5月17日，第2版。

③ 《改进〈光明日报·文字改革〉双周刊编辑工作的通信》（1955年4月9日），《胡乔木传》编写组编：《胡乔木谈语言文字》（增订本），人民出版社2015年版，第84—85页。

④ 《中共中央统战部座谈会昨日复会 民主党派负责人提出许多建议》，《光明日报》1957年5月22日，第1版；《文字改革问题座谈会记录》，《拼音》1957年第7期，第18—19页。

"双百"方针之后，学术界关于文字改革问题的讨论得到进一步深入，此前的状况有所改变，但随后到来的政治运动又中断了这一思想争鸣，这让有些知识分子对文字改革问题一直心存疑虑，相关理论研究亦难以深化。

尽管1957年夏季的政治运动中断了文字改革的思想争鸣，但这场争论却产生了积极的历史影响，客观上使得政府和文字改革者进一步意识到汉字拼音化的方向并不是定论。当时叶籁士曾致函时任文化部部长的茅盾，征求他对文字改革的意见。茅盾虽然不反对汉字简化和汉字拼音化工作，但他对用拉丁字母拼音替代汉字的主张依然保持着清醒的认识。他在复信中写道："文字机械化，我是双手赞成的"，但是"此事亦不简单，个人用拼音字母的打字机做笔记等等，其事易为，倘要推广到社会上，比方说，公文、报章用拼音字母，则恐怕要很长时期的准备，或者要到我们子孙的手里才可以试行。而且我又有这样的设想：也许五十年后，由于科学进步，电子打字机普遍了，汉字不再是机械化的障碍，而由于教学法的改进，认写汉字也不像现在那样费时，那么，'舆论'也许又变了方向，以为保存数千年的民族文字是必要的了。"[1]时移势易，今天我们再来看茅盾的这段文字，不禁赞叹于他的远见。当然，茅盾所预想的前景之所以能够实现，不仅是由于汉字拼音化本身存在的理论争议和技术难题，更得益于党和政府对汉字前途保持着理性和开放的认知。

在文字改革百年探索的历史过程中，新中国的文字改革工作在汉字简化、汉语拼音方案制订和推广普通话方面取得了重要成果和经验教训，这使得后来的文字改革工作者对汉字的性质和作用有了更为客观的评价，认知态度也发生了积极的变化，由过去的"文化自卑"转向"文化自信"。

---

[1]《茅盾致叶籁士信》(笔者收藏原件照片版),相关内容也可参见程陶庵、程志泳:《汉字拉丁化疑义:从56年前茅盾致叶籁士的复信谈起》,《光明日报》2012年9月16日,第11版。

改革开放初期，社会各界对于文字改革的方向仍然存在着分歧①。不过，到了80年代中后期，随着经济发展和社会舆论环境的变化，党中央在总结文字改革工作的经验教训基础上，调整了语言文字工作的方向，确定了汉字的法定地位，进一步明确了汉语拼音只是作为学习汉字的拼音符号工具的基本政策②。

四、普通话与社会主义国家认同的塑造

"一个国家或一个民族，语言的统一或分歧实在是一件关系着国家、民族团结和兴亡的大事。"③晚清以降，伴随着汉字改革问题的提出，倡导语言统一成为近代民族国家建设的重要议题。近代新文化运动兴起之后，国语运动和白话文运动逐渐合流，以北京语音为标准的"国语"和国民学校"国语"科目的确立，为此后的语言统一运动奠定了基础。南京国民政府曾颁布推行注音字母和"国语"的政策，将语言统一的构想纳入政权建设中来。由于受诸多历史条件所限，除了学校国语教育有所发展之外，近代国语统一运动在基层社会影响有限。随着近代革命战争的迁徙和交通的发展，社会人员流动逐渐扩大，各地方言频繁接触，加速了语言的融合。不过，依靠社会自然变迁来推动汉语统一的速度非常缓慢，这种方言分歧严重的状况很难适应新中国社会发展形势和文字改革的需要。

语言既是交际工具、信息工具和认知工具，也是政府治理社会的重要

---

① 1982年4月2日，胡乔木在医院约请吕叔湘、王力、倪海曙、周有光、唐守愚五位同志商谈文字改革工作问题。胡乔木说："过去毛主席、周总理、吴玉章、陈毅、郭沫若、茅盾等一些党和国家领导人是关心文改、支持文改的，现在的条件和过去大不一样了。相反，有相当一部分人，包括有些领导干部在内不赞成文改。"[胡乔木：《关于文字改革工作的谈话》(1982年4月2日)，《胡乔木传》编写组编：《胡乔木谈语言文字》(增订本)，人民出版社2015年版，第282页。]

② 关于80年代中后期中央文字改革政策的转向过程可看曾任中国文字改革委员会主任刘导生的回忆记述。参见刘导生：《从容忆往：95岁抒怀》，北京出版社2008年版，第282—296页。

③ 老舍：《我拥护大力推行民族共同语》，《文字改革》第43期，《光明日报》1955年10月26日，第3版。

资源和工具①。推广普通话不仅与新中国汉字拼音化改革有着直接关联，更是关系到社会主义治国理政的重要议题。中华人民共和国成立之后，随着国家政权的统一和社会主义基本制度的逐步确立，方言分歧的状态与国家统一建设之间的矛盾日益显现出来，党和政府需要通过推广普通话进行语际整合，解决方言隔阂问题，进一步服务于社会主义国家建设。

推广普通话不仅仅是为群众互相交流方便之用，还有其重要的政治意义。新的集中和统一化的政治制度和经济制度迫切需要统一语言与之配合运行。中国共产党试图借助于统一语言，将党的意志传输给人民，塑造思想上统一化的社会主义"新人"，形成一致的行动。正如当时主持文字改革工作的胡乔木所言："我们全国人民是在一个统一的革命组织领导下，要把革命的统一意志能够有效的传达到全国每一个角落，就得有高度统一的语言工具。"②随着全国工业化建设的启动、社会主义制度的建立和集体化生产方式的转变，新中国需要一种民族共同语来调节我们的共同意识和行动。郭沫若就曾指出："我们国家正集中力量进行大规模的生产建设，全国人民在各个工作岗位上进入了日益广泛的集体生活和共同劳动，这就更加迫切地需要一个规范明确的统一的民族共同语。"③

在这里需要说明的是，在新中国语言规划中，推广普通话并不是要消灭方言或者是要消灭少数民族语言，去追求政治权力强制下的语言统一，对于这点党中央是具有高度的政治和文化自觉的。胡乔木曾指出，方言的消灭和趋于淘汰是一个长时期的自然历史发展过程，"没有什么强制，没有实行粗暴的方法的可能"，"语言的发展不能用暴力和强制的力量去推行"④。周恩来也认为，推广普通话，是为了"消除方言之间的隔阂，而不是禁止和消灭方言"，"方言是会长期存在的。方言不能用行政命令来禁

① 周殿生、仇晓钰：《试论国家语言规划的政治属性》，《语言规划学研究》2017年第2期。
② 胡乔木：《关于现代汉语规范问题的讲话》（1955年10月31日），《胡乔木传》编写组：《胡乔木谈语言文字》（增订本），人民出版社2015年版，第147页。
③《现代汉语规范问题学术会议开幕》，《光明日报》1955年10月26日，第1版。
④《胡乔木传》编写组：《胡乔木谈语言文字》（增订本），人民出版社2015年版，第111—112、135页。

止，也不能用人为的办法来消灭"①。但是，不能用政治权力去禁止方言，并不代表不能利用行政力量去推广普通话，"要推广一种标准，它完全可以并且应该采取行政的方法"，采取许多措施去推广普通话属于"行政的方法，是政府的活动，特别是教育活动的领域"②。实际上，党和政府制定的推广普通话的政策是一种"二重语言制度"，也就是汉族除了学习本地方言之外，也需要学习民族共同语，"推广普通话并不是禁止方言，而是使说方言的人们在自己的乡音之外，学会说一种全民族共同的语言，以便跟各地区的人互相交际"。当然，提倡学习民族共同语的"二重语言制度"也不是"大汉族主义"，与提倡民族平等、语言平等的民族政策并不冲突。中国共产党制定推广普通话政策，主要是在汉族人民中推广，并不强制少数民族学习普通话。但是，中国共产党考虑到各民族间的互通交流，提倡汉族和少数民族互相学习各自的语言。一方面，"在兄弟民族中可以而且应该提倡学习普通话，并且对自愿学习的人应该尽量满足他们的要求"；另一方面，"在兄弟民族地区工作的汉族干部，不但应该尊重兄弟民族使用和发展民族语言的权利，而且必须努力学习兄弟民族的语言"，这样"有利于各族人民之间的互相团结和互相学习"，"也不会损害我国宪法赋与的各兄弟民族使用和发展本民族语言的权利"③。所以说，普通话不仅是汉民族共同语，也是全国各民族的通用语。这一理念为后来国家制定语言规划政策提供了思想基础和方法论指导。

借助于国家力量和群众运动的推动，新中国推广普通话运动所倡导的爱国主义政治话语形塑了当时的社会舆论，产生了积极的社会影响，也改变了民众的认知观念。正如当时教育部门所不断强调的："普通话是以北京语音为标准音，因为北京是人民首都，是全国政治、文化中心，说普通

---

① 周恩来：《当前文字改革的任务》（1958年1月10日在政协全国委员会举行的报告会上的报告），《人民日报》1958年1月13日，第2版。

② 胡乔木：《关于现代汉语规范问题的讲话》（1955年10月31日），《胡乔木传》编写组：《胡乔木谈语言文字》（增订本），人民出版社2015年版，第136页。

③ 以上引文内容均来自吴玉章：《关于当前文字改革工作和汉语拼音方案的报告：1958年2月3日在第一届全国人民代表大会第五次会议上》，《人民日报》1958年2月14日，第2版。

话，可以培养学生爱国主义思想。"①在当时的政治语境之中，尽管方言习惯给普通群众学习普通话带来了不少困难，但很多党员干部和群众都能努力将党的政治指示和要求进行内化，主动要求学习普通话。有位政治觉悟高的基层妇联干部就曾说："党不仅关心我们的生活，连我们的语言也都照顾到了，为了听毛主席的话，跟着共产党走，我一定学普通话。"②江苏新沂县港头乡一位尹大妈坚持学习普通话，一有空就练习拼音，她说："书记干部都学了，我老妈妈也要学，跟着共产党走，保险没错，全国要是都说一样话有多好。"③河北省一名农民曹洛芬用刚刚学会的拼音字母写了一首诗表达了对党的感激之情："共产党来了咱翻身，苦命人变成幸福人。农业跃进再跃进，粮棉堆起顶破云。文化革命高潮起，汉语拼音称我心。老汉也要学文化，尽忠祖国报党恩。"④就连少数民族的老师和学生也认为"广播电台的话好学、好懂而且好听"，主动提出要学习普通话。除了便于交流之外，重要的是，他们觉得在遥远的边疆"一打开收音机就能听到这种话的声音，也就会联想到祖国的心脏——北京和敬爱的领袖毛主席"⑤。

　　语言是塑造民族共同体的重要纽带，推广普通话显然是中国共产党有意识地运用这种手段来强化群众的政治认同，塑造社会主义国家观念和中华民族共同体意识。当时的诗词创作也深切地体现了这种政治话语的影响："我们的祖国辽阔广大，六万万人民亲如一家；要使人人都说普通话，团结更紧力量更加大。学会普通话，走遍全中华；思想更统一，处处如一家。文字大改革，人人学文化；科学大发展，建设新国家。"⑥所以，从语

---

①《教育部视察浙江、江西、上海三地普通话推广情况的报告》(1956年11月)，江苏省档案馆藏，档案号：4013-003-1128。

②上海市新成区教育局：《上海市新成区普通话推广工作情况》，中国文字改革委员会研究推广处编：《第二次全国普通话教学成绩观摩会资料选编》，文字改革出版社1960年版，第117页。

③《1958年普通话推广工作小结》(初稿)，江苏省档案馆藏，档案号：4013-003-1131。

④吴玉章：《利用拼音字母帮助扫盲和推广普通话》，《文字改革》1959年第6期，第1页。

⑤《吴涤平代表的发言》，全国文字改革会议秘书处编：《全国文字改革会议文件汇编》，文字改革出版社1957年版，第103页。

⑥陈伯吹原诗，罗树人改词作曲：《学会普通话》，《文字改革》1960年第13期，第21页。

言政治角度而言，新中国推广普通话运动成为推动社会主义国家建设和塑造中华民族共同体的重要助力，而这一点也正是周恩来高度评价推广普通话政策的重要原因，"提倡普通话，这很重要，收效最大，对国家统一团结有好处"①。

新中国推广普通话运动是特定历史时期的产物。中国共产党强大的组织体系和社会动员能力是促使推广普通话形成群众运动的重要因素，而1958年开始的人民公社化运动和大规模的集体活动共同促成这场运动取得了一定的成效。不过，中国地域广阔，人口众多，使用方言是千年社会演变所形成的语言习惯，语言的改变并不能仅仅靠社会运动所能急速改变的。实际上，吴玉章当时已经认识到，通过群众运动的办法来推广普通话，虽然可以收到一定成效，但"有些地区规定普及普通话的时间太短太急"，"光靠一个突击运动，在青壮年中实现'普通话化'，这种想法是不现实的"②。从长远来看，语言统一需要依靠社会交通的发展和市场经济体系的日趋统一而逐步推进。随着民众对普通话的应用需求日益增强，只有不断完善国民教育制度，将强迫教育转为主动学习，在这个基础上学习普通话的成效才更为坚实可靠。改革开放以后，随着统一的市场经济体系的逐步确立、社会结构的变化和国民教育制度的发展，推广普通话政策得到进一步改进和完善。

由于普通话是汉族内部以及各民族间社会交往的语言工具，发挥着团结国民、普及教育和建设国家的政治功能，推广普通话也因此成为社会主义中国语言规划战略中一项长期坚持的语言政策。1982年，"国家推广全国通用的普通话"被正式写入《中华人民共和国宪法》。2001年1月1日颁布施行的《中华人民共和国国家通用语言文字法》确定普通话为国家通用语言，规定"公民有学习和使用国家通用语言文字的权利"，同时也规定"各民族都有使用和发展自己的语言文字的自由"。中央政府在大力推广和

---

① 中共中央文献研究室编：《周恩来年谱：1949—1976》(下)，中央文献出版社2007年版，第18页。

② 吴玉章：《利用拼音字母帮助扫盲和推广普通话》，《文字改革》1959年第6期，第3页。

规范使用国家通用语言文字的同时，也倡导"保护传承方言文化"，"开展少数民族特色文化保护工作，加强少数民族语言文字和经典文献的保护和传播"①。这种"二重"语言政策深刻地体现了中国共产党辩证的治国理政思维，有利于保证在推广普通话的同时，又能照顾到方言和少数民族语言自身的发展空间，推动了各民族语言文化的发展。六十多年以来，这项语言政策对中华民族共同体的塑造和社会主义国家建设发挥了重要作用，产生了深远的历史影响。

---

① 中共中央办公厅、国务院办公厅：《关于实施中华优秀传统文化传承发展工程的意见》，《人民日报》2017年1月26日，第6版。

附录：抗战时期陕甘宁边区
新文字冬学运动的历史考察

　　1935 年底，党中央和红军到达陕北之后，在时任陕甘宁边区教育厅厅长徐特立的倡导下，共产党曾利用拉丁化新文字举办过短期扫盲班，一些干部、教员和伤残军人开始学习新文字。后因工作调动，徐特立离开延安之后，此项工作就停止了。徐特立离开之后，吴玉章继续领导拉丁化新文字的推行工作。1940 年 9 月，陕甘宁边区政府决定在延安市和延安县利用拉丁化新文字试办冬学。1941 年拉丁化新文字冬学运动在全边区推广，1942 年新文字冬学运动又缩小至延安县，1943 年中断。抗日战争时期，共产党除了在陕甘宁边区较大规模推行过拉丁化新文字以外，皖南新四军、晋察冀边区、太行山地区、晋冀鲁豫边区、晋西北地区、苏北根据地、苏皖边区、山东根据地滨海、鲁中、鲁南、胶东等地区也曾在小范围内推行过拉丁化新文字，但影响有限①。

　　作为中国百年文字改革史的重要组成部分，抗战时期陕甘宁边区试行的拉丁化新文字冬学运动是中国共产党将文字改革的理论应用于实践的初始期，也是陕甘宁边区进行文化改革和政权建设的重要途径，对新中国的

---

① 相关文章主要侧重于简单记叙新文字推行经过，可参见张雁：《抗日战争时期新四军军部地区的新文字运动》，《文字改革》1961 年第 12 期；刘震：《抗日战争时期山东省滨海地区的新文字推行工作》，《文字改革》1983 年第 6 期；栗洪武：《徐特立与陕甘宁边区的新文字教育运动》，《徐特立研究》1996 年第 3 期。

文字改革也产生了一定的历史影响。

一、拉丁化新文字冬学运动的动因

共产党人为什么主张推行拉丁化新文字？这些主张反映了他们什么样的政治思想？很显然，中国共产党人的文字改革观与他们的政治思想之间存在着密切的互动关联。作为这一时期主张文字改革的代表人物，瞿秋白曾从多方面总结了汉字在普及教育、革命大众化和汉语现代化方面存在的诸多问题。

其一，"汉字是十分难学的符号"①。平民要花大量时间才能学会汉字，只有少数有金钱和空闲时间的权贵才能熟练掌握汉字的应用技能，这就为特权阶层垄断文字创造了条件。文字的垄断进一步造成了"智识的垄断"，统治阶级可以继续实行愚民政策②。1930年，瞿秋白的《中国拉丁化的字母》一书在苏联出版，文中对汉字大加批判，认为汉字"是反动派和旧秩序的象征，而且越来越对所有革命者成为障碍"③。作为旧制度和旧文化的代表，汉字成为亿万劳动群众迅速获得文化知识和革命思想的障碍，增加了对群众实现有效社会动员的难度。

其二，"汉字不是表示声音的符号"。用汉字写出来的文字不能做到言文一致。中国文字和语言的分离，更加巩固了"识字阶级"的统治地位，儒士们使用的文言虽在不断发展，但群众口头的活语言却难以得到发展和进化的机会④。民众口头语言随着近代社会的发展而不断变化，但汉字制

---

① 《鬼门关以外的战争》（1931年5月30日），瞿秋白：《瞿秋白文集·文学编》（第3卷），人民文学出版社1989年版，第168页。

② 《新中国的文字革命》，瞿秋白：《瞿秋白文集·文学编》（第3卷），人民文学出版社1989年版，第281页。

③ 《中国拉丁化的字母》（1929年10月10日）"出版说明"，瞿秋白：《瞿秋白文集·文学编》（第3卷），人民文学出版社1989年版，第418页。

④ 《中国文和中国话的关系》，瞿秋白：《瞿秋白文集·文学编》（第3卷），人民文学出版社1989年版，第262页。

度却阻碍了汉语文法的发展，亦不利于吸收欧美先进科学文化[1]。大体而言，阶级革命的政治思想对瞿秋白的文字改革主张有着较大的影响，这种政治革命理念反映在语文改革上就是要求中国语言和文字的大众化、民主化。

1939年，吴玉章带着在苏联远东地区利用新文字给华侨工人扫盲的经验来到延安，他见陕甘宁边区普通民众以文盲居多，遂决定采用新文字进行扫盲。吴玉章指出，中国文盲众多，是因为中国没有标音的拼音文字，言文不一致，工农大众识字很难[2]。吴玉章主张改革汉字的理由和瞿秋白是一致的。

1940年1月，毛泽东在陕甘宁边区文化协会第一次代表大会上的讲演中阐述了新民主主义文化大众化的问题。他指出，新民主主义文化是为工农群众服务的，为了使革命文化和思想接近民众，"文字必须在一定条件下加以改革，言语必须接近民众"[3]。毛泽东主要从新民主主义文化大众化的角度支持语文改革，这一言论极大地推动了陕甘宁边区的文字改革工作。毛泽东的《新民主主义论》发表以后，吴玉章根据这个理论进一步阐释了汉字拉丁化的必要性。吴玉章认为，汉字是文化大众化的一个障碍，要创造广大民众需要的新民主主义文化，首先就要有大众易懂、易学、易写、易念、易认的文字。他还特别指出，文字是文化的工具，同艺术、宗教、文学一样是人类社会的上层建筑，具有阶级性，是当时社会统治阶级意识的反映[4]，也是"统治阶级愚弄劳苦群众的工具"[5]。从以上言论来

①《普通中国话的字眼的研究》，瞿秋白：《瞿秋白文集·文学编》(第3卷)，人民文学出版社1989年版，第240—241页。

② 吴玉章：《文学革命与文字革命》(1940年)，甘肃省社会科学院历史研究所编：《陕甘宁革命根据地史料选辑》(第4辑)，甘肃人民出版社1985年版，第183页。

③ 毛泽东：《新民主主义的政治与新民主主义的文化》(1940年1月15日)，《中国文化》创刊号，1940年2月15日，第24页。

④ 吴玉章：《新文字与新文化运动》(1940年)，甘肃省社会科学院历史研究所编：《陕甘宁革命根据地史料选辑》(第4辑)，甘肃人民出版社1985年版，第207—210页。

⑤ 吴玉章：《新文字与新文化运动(续完)》(1940年)，甘肃省社会科学院历史研究所编：《陕甘宁革命根据地史料选辑》(第4辑)，甘肃人民出版社1985年版，第339页。

看，瞿秋白、吴玉章二人提出了相同的文字改革理论。

随着中国共产党领导的阶级革命的兴起，除了强调汉字在教育启蒙方面的缺陷之外，以瞿秋白和吴玉章为代表的共产党人在这一时期已将文字改革与阶级革命联系起来思考，提出了文字属于上层建筑，具有阶级性的主张，文字改革在当时已被纳入新民主主义革命的范畴。从理论渊源上来看，列宁的"文化革命"思想和苏联语言学家马尔提出的语言具有阶级性的理论对共产党人的文字改革思想产生了较大的影响①。

在这一时期，推行拉丁化新文字就是要解决汉字带来的问题。汉字革命的终极目标是要完全废除汉字和文言，采用罗马字母拼音，"创造一种新式的中国文"，这不但是为了普及初等教育和识字运动，而且是为了广大群众有更高级的文字，"可以用来参加高深的学术文化生活"②。除了有利于民众识字扫盲和提高文化之外，推行拉丁化新文字也可以促进中国文化的国际化，"打破中国的闭关自守，吸收世界进步的文化，发扬中国固有的文化，消灭中国的落后，使中国能很快的和世界一同前进发展到最高度的科学艺术及一切文化"③。吴玉章相信，随着世界交通和学术的不断发展，社会主义在全世界范围内胜利后，必定会形成新的拼音文字。所以，中国要想和世界潮流共同前进，就要采用国际化的拼音文字。从这些言论可以看出，共产党人此时将无产阶级革命的国际主义精神也深刻地投射到中国文字改革的远大目标之中。

在共产党人关于文字改革的设想中，汉字革命的长远目标是要废除汉字，推行拼音文字，融入世界拼音化潮流。但这并不代表共产党在当时就试图立即用拉丁化新文字代替汉字，因为他们已经认识到"汉字有悠久的历史，不是轻易可以废弃，而必使其逐渐演变，才能完成文字改革"④。

---

① 杨慧:《思想的行走:瞿秋白"文化革命"思想研究》,商务印书馆2012年版,第56—57页。

②《新中国的文字革命》,瞿秋白:《瞿秋白文集·文学编》(第3卷),人民文学出版社1989年版,第280、282页。

③ 吴玉章:《文学革命与文字革命》(1940年),甘肃省社会科学院历史研究所编:《陕甘宁革命根据地史料选辑》(第4辑),甘肃人民出版社1985年版,第195页。

④《陕甘宁边区新文字协会成立缘起》,《中国文化》1940年第2卷第4期,第48页。

陕甘宁边区政府当时的计划是利用新文字来扫除文盲，让群众在最短期间可以用新文字学习政治、科学和汉字（说明：新文字的一个作用就是标注汉字的读音，有了拼音工具，学习汉字就更容易一些）。从这个角度来看，陕甘宁边区的新文字冬学运动与清末的切音字运动、民国的注音符号识字运动在目的上是有相通之处的，那就是经由汉字改革来进行民智启蒙。但在抗日战争时期，与此前文字改革运动的不同之处在于，陕甘宁边区拉丁化新文字冬学运动是抗日救亡运动和共产党领导的阶级革命的重要组成部分，它是为抗日战争政治动员和共产党政权建设服务的[①]。具体来说，新文字冬学运动主要是为了改进教育普及的工具，提高群众的文化水平，为边区建设提供更多的人力资源；同时，借由新文字冬学运动向边区群众宣传党的各项抗日政策和方针，提高其政治觉悟，动员群众投身抗战，巩固边区政权。这是共产党依据当时社会形势制定的文字改革的现实目标。

二、拉丁化新文字冬学运动的开展过程

陕甘宁边区的新文字冬学运动从 1940 年试办到 1943 年中断，在这短短三年时间内，边区政府主要从培养新文字干部和师资、出版新文字报刊和课本、确立新文字的法律地位和利用组织力量开展新文字冬学等方面做出了诸多努力。

（一）成立研究和推行新文字的组织

陕甘宁边区新文字协会是新文字冬学运动的核心领导组织。1940 年 11 月，由吴玉章、徐特立人组织发起的边区新文字协会在延安成立，倡议得到社会各界的响应和支持。吴玉章被推举为新文字协会会长，毛泽东、郭沫若等被推举为名誉理事，林伯渠等 17 人被推举为理事[②]。该协会主要职

---

① 倪海曙：《文改对话》（1983 年），倪海曙著作编辑小组：《倪海曙语文论集》，上海教育出版社 1991 年版，第 3 页。

② 倪海曙编：《拉丁化新文字运动的始末和编年纪事》，知识出版社 1987 年版，第 161—163 页。

能是利用新文字开展冬学和发展教育；出版新文字的报刊、课本；举办新文字训练班，培养新文字干部；研究方言土语，推动全国语文改革运动①。陕甘宁边区新文字协会在团结边区、推动新文字运动、提高民众文化方面也发挥了重要作用。边区各地也相应地成立新文字协会分会，分级领导新文字冬学工作。1941年8月，陇东区成立新文字协会分会，号召陇东教师、职工、农民积极学习新文字②。1941年11月，延安新文字协会成立，要求各区乡成立分会，组织新文字冬学工作③。

（二）训练新文字骨干，培养师资

为了给陕甘宁边区新文字冬学运动培养教员和组织骨干，1940年10月，吴玉章创办了新文字冬学教员训练班，共招收70多名学员。学员主要是从马列学院、陕北公学、中国女子大学等学校抽调干部，学习时间一个半月，课程有中国文字源流、中国音韵学常识、拉丁化新文字方案、发音学、教学法等④。这些学员学习结业后，被分配到延安县和延安市开展冬学工作。他们共组织了63个新文字冬学班，有1563人参加了学习。1941年2月5日，陕甘宁边区新文字干部学校在"新文字冬学教员训练班"的基础上成立，由吴玉章任校长。陕甘宁边区新文字干部学校开设了高级班和初级班。曾参加过新文字冬学教学工作的新文字教员训练班学员被编为高级班，这个班是新文字干部学校的重点班，也是在群众中开展新文字冬学运动的骨干力量，共有学员50余人。高级班先后开设的课程有：政治经济学、中国通史、中国近代革命史、自然科学、数学、文字学、语言学、国语罗马字、新文字研究、世界语、写作基础、边区建设、农村教育、时事政策和新文字冬学实践等。初级班以青年学员为主，第一学年以文化课为主，并开设政治常识、新文字概论；第二学年主要上业务课；第

---

① 《边区新文字协会简章草案》，甘肃省社会科学院历史研究所编：《陕甘宁革命根据地史料选辑》（第4辑），甘肃人民出版社1985年版，第386页。

② 《陇东分区新文字分会成立》，《解放日报》1941年9月10日，第2版。

③ 延安市志编纂委员会编：《延安市志》，陕西人民出版社1994年版，第721页。

④ 中共四川省委党史研究室编：《吴玉章年谱》，四川人民出版社1998年版，第262页。

三学年主要是实践课程。初级班学员是从边区部分县市招来的青年，全班共有学员40余名。速成班、讲习班是为专门学习新文字的延安干部和群众创办的，主要学习新文字①。

1941年，陕甘宁边区政府决定今年冬天在全边区举办新文字冬学。延安新文字干部学校抽调30多名学员，分赴边区各区、县，举办了13个新文字教员训练班，参加学习的超过600人，这为各县市区培养了一批新文字教学骨干力量。1942年冬，边区政府决定重点在延安县办新文字冬学。为此，新文字干部学校又从高级班学员中选派了多名新文字冬学教员，在延安县举办了14个新文字冬学，共招收650名学员，进行了为期两个半月的新文字冬学活动②。从以上可见，在陕甘宁边区新文字冬学运动中，新文字干部学校在培养师资和教学方面发挥了至关重要的作用。

（三）编辑和出版新文字报刊、课本和读物

1937年至1938年初，在陕甘宁边区新文字冬学运动开展之前，边区已经办过一批新文字扫盲班，也印过新文字刊物。定期刊出的新文字报有《老百姓报》《抵抗到底报》《新文字联合墙报》《新文字画报》。其中《抵抗到底报》经常出版，刊登的内容有论文、通讯、谈话、初级读物等，每期数量约有六七百份。另外，新文字的通俗读物也有30多种③。

1940年11月22日，为了配合正在进行的边区新文字冬学运动，边区政府创刊油印《Sin Wenz Bao》（《新文字报》）。《新文字报》是陕甘宁边区新文字协会会刊，隶属于边区政府教育厅，从1940年11月创刊至1943年1月停刊，共出版110多期。毛泽东、朱德曾在报上题词，对《新文字报》和新文字教育加以支持和鼓励。该报刊登的内容有时事新闻、新文字

---

① 吕应利：《延安新文字干部学校》，中国人民政治协商会议延安市委员会文史资料委员会：《延安文史资料》（第6辑），出版者不详1992年版，第85—86页。

② 吕应利：《延安新文字干部学校》，中国人民政治协商会议延安市委员会文史资料委员会：《延安文史资料》（第6辑），出版者不详1992年版，第87页。

③ 吕良：《边区的社会教育》（1938年2月20日），陕西师范大学教育研究所编辑：《陕甘宁边区教育资料（社会教育部分）》（上），教育科学出版社1981年版，第15页。

辅导教材和各地冬学工作情况，读者对象主要是初识新文字的农民、冬学学生和机关部队的扫盲班学生。1941年5月，《新文字报》改为铅印，一周一期，由延安新华书店发行。改版后的内容包括：宣传党的路线、方针和政策，介绍抗战英雄、边区劳动模范、革命领袖的先进事迹以及各地学习新文字的情况等①。到1942年10月，《新文字报》一年来的销量由700份增加为1400多份，发行地区由陕甘宁边区扩大到晋西北和晋察冀边区以及新疆、西安、重庆、桂林、上海、香港等地②。

1941年10月20日，为了满足全区新文字冬学学生学习新文字的要求，新文字报社又编辑出版了新文字看图识字画报《大家看》（《Dajia Kan》）③。陕甘宁边区各地也办有新文字报纸，如陕甘宁边区新文字协会关中分会曾创刊《关中新文字报》，内容有教学经验交流、初级读物、补充教材、小常识、大众文艺、新运消息等，每期印数250份，对象主要是新文字冬学教员、小学教员和区乡级干部④。

1940年8月，新文字运动委员会编辑的《中国新文字自修课本》出版，一开始就出版了6000册。1941年7月，延安新华书店出版了社会教育用书《新文字课本》第一、二册，销量在1500本以上⑤。中央出版局也出版了一些新文字书籍，如《老百姓的故事》《玛利亚的故事》《新文字的发音方法》《自然常识》《列宁的故事》《长征的故事》《夫妻拜年》《打屁股》《不害病》《不作睁眼瞎》等⑥。据倪海曙的不完全统计，1940年至1943年间，陕甘宁边区出版的新文字图书有15种，课本2种，概论1种，丛刊1种，读物10种，创刊刊物4种⑦。这些报刊、课本和读物都成为这一时期

---

① 李绵、翟准：《延安〈新文字报〉简介》，《新闻研究资料》1987年第37辑，第192—193页。

② 倪海曙编：《拉丁化新文字运动的始末和编年纪事》，知识出版社1987年版，第183页。

③ 陕西省地方志编纂委员会编：《陕西省志·报刊志》（第70卷），陕西人民出版社2000年版，第244页。

④ 倪海曙编：《拉丁化新文字运动的始末和编年纪事》，知识出版社1987年版，第179页。

⑤ 倪海曙编：《拉丁化新文字运动的始末和编年纪事》，知识出版社1987年版，第160、174—176页。

⑥ 倪海曙编：《拉丁化新文字运动的始末和编年纪事》，知识出版社1987年版，第191页。

⑦ 倪海曙编：《拉丁化新文字运动的始末和编年纪事》，知识出版社1987年版，第27页。

共产党领导新文字冬学运动、推行文化和政治大众化的重要载体。

（四）确立新文字的法律地位

1940年12月，边区政府为确定新文字法律地位，向社会正式布告，自1941年1月1日起，"新文字跟汉字有同样的法律地位，凡是上下行公文、买卖账、文书单据等，用新文字写跟用汉字一样有效"，"政府的一切布告法令，汉字和新文字两种并用"，"各县给边区政府的公文，用新文字写的，一样有效"①。1941年1月，陕甘宁边区银行的钞票一面印汉字，一面印新文字。这些措施主要是想为广大群众创造使用新文字的社会环境，增强群众学习新文字的信心。

（五）利用组织力量推行新文字冬学运动

从1940年至1942年，陕甘宁边区各级党政机关、团体和单位等成立新文字冬学组织主抓冬学工作，先组织干部学习新文字，再通过干部发动群众的方式来开展新文字冬学。

首先，由边区教育厅领导新文字冬学工作。为了更好地开展新文字冬学运动，当时边区教育厅联合共产党西北局、边区总工妇联会等有关单位组织成立冬学委员会，领导本年的新文字冬学运动，并按照50%～60%的人数比例组织乡级基层干部首先学习新文字②。

其次，各县、区成立冬学委员会，开办冬学。如赤水县委和县政府召开政务委员会讨论新文字冬学问题，决定动员乡级干部上新文字冬学，各区青年主任、宣传科长、教育助理员等人专门负责办理冬学，开办男子冬学7处，女子冬学6处，共13处。安定县文教科召开教育委员会，成立冬学委员会，全县开办冬学23处③。延长县三科、县委宣传部、当地驻军、

---

① 《陕甘宁边区政府关于推行新文字的决定》(1940年12月25日)，陕西省档案馆、陕西省社会科学院编：《陕甘宁边区政府文件选编》(第2辑)，档案出版社1987年版，第541页。

② 《关于办理冬学的联合指示信》，《解放日报》1941年10月28日，第4版。

③ 倪海曙编：《拉丁化新文字运动的始末和编年纪事》，知识出版社1987年版，第178—179页。

完小新文字辅导团、民教馆等7个单位发起成立新文字协会延长分会，决定举办新文字男冬学15处，女冬学2处①。盐池县政府第三科召开冬学委员会，决定全县办新文字冬学4处，每处20人，等等②。

再次，各机关、单位、社会团体等组织干部、职工和群众主动学习新文字。如鄜县县政府和机关干部70多人自动组织了新文字班学习小组。延川县政府干部20多人、小学教员10人，绥德的银行、贸易局、商店、工余学校职工干部30多人、农村干部40多人，安定的警卫团和党委等也都组织起来学习新文字③。定边县民教馆开办商人新文字夜校，延长县纺织厂组织全厂干部学习新文字，安塞县难民工厂工友组织了新文字学习小组等④。

三、新文字运动推行成效及中断的原因

1940年冬季，延安市和延安县首先试办拉丁化新文字冬学，这一年新文字冬学一共办了56处，平均上课50天，1563名毕业学生中有561人学会了日常用语的自由交谈和书写，基本上学会读写的算在一起有780人。冬学后平均各乡有6至7人学会新文字的，比识汉字的人多两倍⑤。吴玉章对这个成绩非常满意，他认为，利用新文字扫盲，三五年时间80%的文盲就可以消灭了⑥。林伯渠也认为，群众"乐于接受新文字"⑦。这也是随后新文字冬学运动在边区全面铺开的重要原因。

1941年，在陕甘宁边区13个县份中，办了215处冬学，学生5091人，

---

① 倪海曙编：《拉丁化新文字运动的始末和编年纪事》，知识出版社1987年版，第184页。

② 倪海曙编：《拉丁化新文字运动的始末和编年纪事》，知识出版社1987年版，第187页。

③ 倪海曙编：《拉丁化新文字运动的始末和编年纪事》，知识出版社1987年版，第180页。

④ 倪海曙编：《拉丁化新文字运动的始末和编年纪事》，知识出版社1987年版，第187页。

⑤《开展冬学运动》(1941年10月24日)，甘肃省社会科学院历史研究所编：《陕甘宁革命根据地史料选辑》(第4辑)，甘肃人民出版社1985年版，第619页；倪海曙编著：《拉丁化新文字运动的始末和编年纪事》，知识出版社1987年版，第166页。

⑥ 李绵：《陕甘宁边区一次很有意义的文字改革试验·怀念吴玉章同志》，中共四川省委党史工作委员会《吴玉章传》编写组：《怀念吴老》，重庆出版社1986年版，第243页。

⑦《林主席对本报记者谈政府工作及最近措置》(1941年2月8日)，陕西省档案馆、陕西省社会科学院编：《陕甘宁边区政府文件选编》(第3辑)，档案出版社1987年版，第68页。

冬学除主要教新文字外,兼授音乐、青年及妇女运动、施政纲领等。在学习过程中,由于开学时间及学员程度不齐,学员的成绩并不一致,有些仅会拼音。在后来的毕业考试中,志丹及延安县的毕业者约占50%,是成绩最好的县份。延川、庆阳县的毕业者只占到12%~15%,成绩最差。而1940年12个县中有汉字冬学学生5926人,毕业者占12%①。相比较而言,1941年新文字冬学效果比汉字冬学有一定的进步,但不如1940年的试行效果。1942年冬,边区政府改变政策,决定重点在延安县办新文字冬学,至1943年,新文字冬学中断推行。

何种因素导致新文字没有推行开来?曹伯韩认为:"到了抗战后期,由于反动政府的阻碍,军事形势的恶化,经济生活的不安,这一个还没成熟的新文字运动就中途停顿了。"②1981年6月,萧三在全国高等院校文字改革学会成立大会的讲话录音中指出,延安和各解放区也曾经推行拉丁化新文字,"当时是军事时期,首先要忙于打仗,后来又因为搞大生产、整风等等原因"③,这方面的工作就暂时停止了。倪海曙认为:"由于国民党的封锁,边区的经济越来越困难,不能不以全部精力投入生产,又因整风和教育经费不足、农村学生住处分散、上学不便等原因,新文字冬学办到1943年就大部分不办了。"④综合以上几种观点来看,曹伯韩、萧三、倪海曙主要从宏观角度强调新文字推广工作中途停止是因当时政治、军事和经济等方面的客观条件所致。毋庸置疑,正是人力、物力、财力的短缺极大地制约了陕甘宁边区的文化教育。以边区的纸张印刷为例,本来印制汉字书报、文件已经十分困难,如果再加印有拉丁字母的书报、文件就更困难

---

① 《边区教育厅总结新文字冬学工作》,《解放日报》1942年3月30日,第4版。

② 《五四以来的中国语文运动》(1949年1月),曹伯韩:《论新语文运动》,东方书店1952年版,第8页。

③ 《全国政协常委、中国作家协会理事萧三讲话》(1981年6月16日16时录音稿),《语文现代化》1981年第5辑,第5页。

④ 倪海曙编著:《拉丁化新文字运动的始末和编年纪事》,知识出版社1987年版,第27页。

了①。除了这些外在客观条件制约以外，关于这一运动中断的更为深层次的原因值得进一步探讨：

一是民众对新文字的态度。在一些有文化底子的读书人看来，新文字是"粗鄙"的，它是底层群众使用文字的初级工具，只有汉字才可以写出高深优美的文章。所以，"新文字容易学，可让老年人去学；青年人记忆力强，宜学汉字，不要拿新文字来耽误他"②。在中国工农红军大学中，文化程度较高的学员一般都认为他们不需要新文字，并且觉得学习新文字妨碍他们学习政治和军事，所以没有学习的积极性，新文字这科成绩也最差③。这些现象表明文化程度较高的民众认为汉字与新文字的地位和作用有着明显的优劣之分。另外，由于官方解释工作做得还不够深入，有些群众在一开始就怀疑新文字是洋文，不愿意学习④。

新文字工作者也认识到，新文字对文盲而言也并不是那么简单易学，无论是字母、拼音和写法规则，在他们都是需要下一番苦功夫才能学会的⑤。而新文字词素连写的方法和标准，方言统一的标准问题，新文字中同音字的问题都是拉丁化新文字要处理的难点⑥。如果教学方法不对，也会让很多学员不愿意学习新文字。

尽管边区政府颁布文告强调新文字和汉字具有同等的法律地位，但社会上应用新文字的地方还是比较少，像中央通讯站就不收发用新文字写的信件⑦。有的商店用新文字开了一个发票，农民用新文字开了一个买条，

①《从新文字运动到"注音识字、提前读写"实验：关于三十年代至八十年代我国文字改革和小学语文教学改革的耳闻、目睹、身历记》，刘御：《刘御教育文集》，陕西人民教育出版社1991年版，第222页。

②社论：《推行新文字与扫除文盲》，《解放日报》1941年6月4日，第1版。

③《对于教学新文字的意见》（1936年3月19日），甘肃省社会科学院历史研究所编：《陕甘宁革命根据地史料选辑》（第4辑），甘肃人民出版社1985年版，第11页。

④吕良：《边区的社会教育》（1938年2月20日），陕西师范大学教育研究所编辑：《陕甘宁边区教育资料（社会教育部分）》（上），教育科学出版社1981年版，第15页。

⑤景林：《怎样教新文字》，《解放日报》1941年11月23日，第4版。

⑥《五四以来的中国语文运动》（1949年1月），曹伯韩：《论新语文运动》，东方书店1952年版，第12—13页。

⑦萧云：《新文字冬学里的几个问题》，《解放日报》1941年11月4日，第4版。

往往就没有用上①。因物质条件的制约，边区印刷新文字读物非常困难，与农民有关的小册子和读物就更少见了，一些学员在冬学之后，没有机会练习和使用他们学到的东西，新文字的学习常常是前功尽弃②。这种情况表明，新文字的推行效果深受整个社会环境的影响。纵使新文字在理论上是极好的，但"在不适宜的环境就可以变为极坏的东西"③。从实用角度来看，在边区农村，群众学了汉字用的机会少，学了新文字用的机会就更少了，很多群众感到学了新文字没有用，不如拿这时间来学汉字。一些民众甚至连汉字都不愿学，何况新文字。如果政府不能较快地改变文盲学了新文字无处可用的处境，新文字推行的成效肯定大打折扣。所以，有研究者从民众对新文字的态度中总结出新文字推行中断的一个重要原因是，主张以新文字取代汉字的人在推行新文字的同时，并不能真正创作出使用新文字的新语言、新文学和新文化，为新文字的存在提供一个社会生活环境，文盲学了新文字后也同样难以改变这种处境，所以新文字并不因为接受对象的人数众多就容易推行④。

二是新文字冬学与群众生产生活方式的冲突问题。陕甘宁边区人口较少，山地面积较大，村庄狭小分散，不易集中学习。农业是粗放型农业，工业也是家庭手工作坊，农业和手工业都需要大量的劳动力。所以，很多家庭的成年人、青年人乃至儿童都要积极投入农业生产，缺乏学习时间⑤。这是群众轻视上冬学、边区文盲占多数的重要原因。有些地方的老百姓把上冬学看成是苦差，部分教员程度很低，冬学质量差，这更加重了老百姓轻视冬学的心理。还有一些群众误认为冬学是政府让自己的子女去受训练，"准备做公家人"，甚至还发生躲避、装病、雇人顶替的事情⑥。有些

---

① 辛敢：《今年新文字冬学的几个问题》，《解放日报》1942年11月14日，第2版。

② 社论：《今年的冬学》，《解放日报》1942年11月24日，第1版。

③ 了一：《汉字改革的理论与实际》，《独立评论》（第205号），1936年6月14日，第6—7页。

④ 王元周：《抗日战争时期陕甘宁边区的新文字冬学运动》，《抗日战争研究》2009年第3期。

⑤《关于群众的文化教育建设草案》，甘肃省社会科学院历史研究所编：《陕甘宁革命根据地史料选辑》（第4辑），甘肃人民出版社1985年版，第15页。

⑥ 辛敢：《今年新文字冬学的几个问题》，《解放日报》1942年11月14日，第2版。

县区对新文字抱轻视态度，也不重视冬学工作，临时将干部调走去征粮，导致征粮工作和冬学工作没有安排好，顾此失彼①。冬学动员多用命令摊派的方式，注重数量不注重质量，有的把小孩、老头、有眼病的人也拖去上冬学。有的冬学教员吃的粮食也由学生负责，学生负担较重②。新文字冬学本身存在的这些问题和民众对冬学的误解导致一些民众对新文字冬学持怀疑甚至逃避、反对的态度。

对于诸如此类的问题和困难，共产党人在当时已经有所觉察，吴玉章就曾对新文字推动过程中忽视实际问题和困难的主观主义进行过反思和批判③。不过，边区政府当时虽注意到新文字冬学运动本身存在的问题，并且也做出了一些改进和调整，但后续效果并不理想。在当时的政治背景下，推行新文字冬学运动虽是边区政府重要的政治任务，但这并不是出于民众的主观需求。正如研究者所指出，扫盲虽是教育者心目中的革命要务，但非受教育者心目中的生活要务④。再加上新文字冬学采用革命化或大运动的方式，以政治运动的形式推行新文字，一开始虽能取得一些成效，但不免会挫伤群众的热情，缺乏持久力。

三是西方化、大众化与民族化之间的矛盾问题。拉丁化新文字运动带有浓厚的政治色彩，因为拉丁化新文字方案是由瞿秋白和左翼知识分子在苏联专家的协助下制定，并由苏联海参崴第一次中国新文字代表大会决议通过的，共产党也将推行新文字看作阶级革命的重要组成部分。正是这些政治色彩让当时的敌对政治力量对新文字产生了非议，"招致了一般人的恐惧和妒忌"⑤。国民党内一部分人就认为新文字运动是"赤化"运动，国民党中央宣传部曾发文取缔拉丁化新文字运动，理由之一是其妨碍国语

---

① 萧云：《新文字冬学里的几个问题》，《解放日报》1941年11月4日，第4版。

②《边区教育厅总结新文字冬学工作》，《解放日报》1942年3月30日，第4版。

③ 吴玉章：《新文字在切实推行中的经验和教训：在新文字协会第一届年会上的报告（1941年12月）》，中国人民大学语言文字研究所编：《文字改革文集》，中国人民大学出版社1978年版，第19—20页。

④ 王建华：《陕甘宁边区的新文字运动：以延安县冬学为中心》，《南京大学学报》（哲学、人文科学、社会科学版）2011年第3期。

⑤ 吴一心：《中国文字改革运动之史的综述》，《中华教育界》1947年第8期（复刊），第40页。

统一运动,破坏汉字统一和国家统一①。当时国语派语文改革家黎锦熙也
将其看成是苏俄对中国的"文字侵略"②。也有人将废除汉字、推行拉丁
化新文字看成是置中国受欧美"奴役"的境地。何允源就认为,文字为一
个国家独立精神的体现和寄托,废弃汉字和推行拉丁化文字是"置中国为
欧美奴役之国,中国人为欧美奴役之人也"③。这些反对意见虽存在诸多
政治打压和误解,但其中反映的一些问题仍值得反思。在共产党人的视野
中,文字改革的合法性和原动力是以阶级革命理论为基础的,汉字被看作
特权阶层的文字,是封建文化和封建制度的产物,而拉丁化新文字被看作
劳苦大众的文字。但倡导汉字拉丁化的主张又不免被人误认为是一种全盘
西化论。同时,陕甘宁边区的新文字冬学运动在理论认识和推动方式上都
受到苏联方面的影响,又被人误解为是"苏化"的结果,这些都与抗日战
争时期提倡的民族独立、文化民族性等议题之间存在诸多矛盾和冲突。这
些矛盾和冲突又进一步激化了社会舆论,这应该是陕甘宁边区拉丁化新文
字运动中断的深层次思想动因④。

四、新文字冬学运动的历史影响

20世纪三四十年代,废除汉字、推行拼音文字的呼声在左翼文化界形
成了一种主导话语。在苏联经验与中国问题的互动影响中,共产党人将文
字改革与文化大众化、阶级革命和政权建设联系在一起,赋予汉字改革更
多的政治意义。在这种文字改革思想的指导下,以瞿秋白、毛泽东、吴玉

---

①《奉教部令准中央宣传部函送中国字的拉丁化运动应注意之点一文转饬知照等因仰知照
由》,《广东教育厅月报》1938年第1卷第5期,第33—34页。

② 黎锦熙:《国语运动史纲》,商务印书馆1934年版,第302页。

③ 何允源:《整理我国文字刍议》,南京国民政府教育部档案,中国第二历史档案馆藏,档案号:5-
12289。

④ 不少学者都认为,从文字的民族化角度而言,汉字拉丁化改革存在着难以克服的悖论。相关
论述可参见王元周:《抗日战争时期陕甘宁边区的新文字冬学运动》,《抗日战争研究》2009年第3期;
秦燕:《陕甘宁边区新文字运动兴衰探析》,《中共党史研究》2010年第8期;王建华:《陕甘宁边区的新
文字运动:以延安县冬学为中心》,《南京大学学报》(哲学、人文科学、社会科学版)2011年第3期。

章、徐特立和林伯渠等为代表的共产党人积极领导和支持拉丁化新文字运动，这使得党内支持和参与语文改革运动的力量颇为强大。为了推行新文字，陕甘宁边区政府又成立了政治性更强、权威性更高的组织机构，并通过组织力量发动了群众性冬学运动。正如朱自清在当时所观察到的，新文字得到了"政治力量的帮助"①，产生了较大的社会影响。

从共产党领导的拉丁化新文字冬学运动的提出、推行和结果来看，尽管共产党为推行新文字冬学付出了诸多努力，但作为一项重大的文化改革和教育运动，其成功与否，并不由革命者的意志而决定。陆志韦曾不无失望地评价说，"在解放区，拼音文字好像推行不开"②。从主观意愿上来看，废除汉字，推行拉丁化新文字是为了普罗大众，但主观目的上的趋善性，并不能保证此项改革就一定能取得成功。有学者就指出，拼音文字必然受到普通群众欢迎的说法是出于一些知识分子的推测和想象，在实际推行过程中会遇到许多难以预料的困难③。相较于战争年代经济和政治等宏观条件的制约，拉丁化新文字的实用性和方案本身的科学性、文字改革的大众化和民族化的路径、民族文化的传承和革新、民众接受心理和习惯等问题都需要通过社会实践加以客观论证和回答。

从社会思想史角度来看，推行拉丁化新文字是为了尽快扫除文盲，但汉字拉丁化运动确实在"西化"和"苏化"、"大众化"和"民族化"之间引发了诸多争议。正如有研究者所言，新文字运动虽表达了底层群众追求知识翻身的美好愿望，又体现了共产党人文化改造的理想，但拉丁化新文字运动对中国传统文化过分的否定超越了群众的想法和要求。

不过，值得注意的是，在支持拉丁化新文字当事人的主观认知中，这种矛盾并不存在。毛泽东在阐释新民主主义文化"科学的"和"民族的"

① 朱自清:《文字改革问题》(1940年6月16日)，朱乔森编:《朱自清全集》(第8卷)，江苏教育出版社1993年版，第423页。
② 陆志韦:《"五四"纪念再谈谈新文字》，杜子劲辑:《一九四九年中国文字改革论文集》，大众书店1950年版，第9页。
③ 詹鄞鑫:《二十世纪文字改革争鸣综述》，华东师范大学中国文字研究与应用中心编:《中国文字研究》(第4辑)，广西教育出版社2003年版。

特点时就指出，我们要批判地吸收古代优秀文化，发展民族新文化；既要反对"全盘西化"的主张，但也要"大量吸收外国的进步文化，作为自己文化食料的原料"，创造具有新民主主义内容和民族形式的新文化①。共产党人并不否认文化的民族性。依照毛泽东的新民主主义文化建设思想，当时他是从革命文化大众化角度来支持新文字的，推行拉丁化新文字并不是形式主义地吸收外国——"全盘西化"的表现。因为在支持拉丁化新文字的知识分子看来，文字是符号性工具，并不是文化本身，中国文化可以用汉字记载，也可以用拼音文字来记载，采用拉丁字母犹如采用外国人制造的火车作为交通工具一样，目的不是投降外国，而是为了改造生活，发展我们的文化②。这种视汉字为符号性工具（文化和语言的工具）而不是文化本身的理论以及文化可以"洋为中用"的思想从理论上消解了汉字拉丁化与文化民族性之间存在的矛盾。

尽管抗战时期陕甘宁边区拉丁化新文字冬学运动因主客观原因中断了，但它对当时普通民众的扫盲教育和政治动员起到了一定作用，并且对新中国成立初期的文字改革也产生了一定的历史影响。从思想资源层面来看，智民强国和文字工具论思想为新中国成立初期的文字改革提供了理论基础；从技术方案层面来看，陕甘宁边区试行的拉丁化新文字方案成为汉语拼音方案的重要来源；从人事组织层面来看，以吴玉章为代表的中国共产党人和新文字工作者在陕甘宁边区新文字冬学运动中发挥了重要作用，他们中的很多人亦成为新中国文字改革的重要领导者、组织者和参与者，为此后的文字改革提供了诸多思想资源和经验教训。

---

① 毛泽东：《新民主主义的政治与新民主主义的文化》（1940年1月15日），《中国文化》创刊号，1940年2月15日，第23—24页。

② 《拉丁化与民族独立精神：新文字讲座之二》（1949年），曹伯韩：《论新语文运动》，东方书店1952年版，第82页。

主要参考文献

一、经典文献

《建国以来刘少奇文稿》(第 1、7 册),中央文献出版社 2005、2008 年版。

《建国以来毛泽东文稿》(第 8、9、11、12、15 册),中央文献出版社 2023 年版。

《列宁选集》(第 4 卷),人民出版社 2012 年版。

《毛泽东选集》(第 2、3 卷),人民出版社 1991 年版。

《斯大林文集(1934—1952)》,人民出版社 1985 年版。

二、未刊档案

《关于湖北省 1956 年推广普通话工作简况及 1957 年工作计划的报告》(1957 年 3 月 20 日),湖北省档案馆藏,档案号:SZ118-02-0293-001。

《关于普通话推广处工作情况报告》(1957 年 3 月 20 日),湖北省档案馆藏,档案号:SZ118-02-0293-003。

《关于推广普通话的问题的报告》(1959 年 5 月 21 日),湖北省档案馆藏,档案号:SZ118-02-0340-003。

《广西教育厅关于 1957 年小学语文教师普通话语音训练工作的补充通知》(1957 年 6 月 24 日),江苏省档案馆藏,档案号:4013-003-1128。

何允源:《整理我国文字刍议》,南京国民政府教育部档案,中国第二历史档案馆藏,档案号:5-12289。

《湖北省推广普通话工作委员会第二次会议记录》(1958年1月15日),湖北省档案馆藏,档案号:SZ118-02-0336-005。

《汇报湖北省拼音与普通话教学情况》(1963年7月26日),湖北省档案馆藏,档案号:SZ118-02-0584-006。

《江苏省教育厅报告》(1955年4月23日),江苏省档案馆藏,档案号:4013-002-0411。

《江苏省讨论汉字简化方案草案委员会第一次讨论记录》(1955年2月20日),江苏省档案馆藏,档案号:4013-002-0411。

《教育部关于教材暂不使用新简化字的电话通知》(1978年4月7日),湖北省档案馆藏,档号:SZ118-04-0678-003。

《教育部视察浙江、江西、上海三地普通话推广情况的报告》(1956年11月),江苏省档案馆藏,档案号:4013-003-1128。

《两年来普通话推广工作总结(草稿)》(1960年7月27日),江苏省档案馆藏,档案号:4013-003-1428。

《全国推广普通话工作情况简报》(第5期)(1956年10月24日),上海市档案馆藏,档案号:B1-2-1901-36。

《全国推广普通话工作情况简报》(第6期)(1956年12月15日),上海市档案馆藏,档案号:B1-2-1901-36。

《芜湖市文字改革座谈会会议记录》(1955年3月31日),芜湖市档案馆藏,档案号:0204-02-151。

颜卜功:《民校学员欢迎简化汉字》,《扫盲简报》1956年第14期,湖北省档案馆藏,档案号:SZ118-02-0181-014。

《1958年普通话推广工作小结》(初稿),江苏省档案馆藏,档案号:4013-003-1131。

《中华人民共和国高等教育部、中华人民共和国教育部关于在高等学校和中等专业学校推广普通话的联合通知》(1956年5月15日),江苏省档案馆藏,档案号:4013-003-1128。

《中华人民共和国教育部复关于普通话推广处的工作范围和如何工作的问题》(1956年10月12日),江苏省档案馆藏,档案号:4013-003-1128。

《中华人民共和国教育部关于继续推广普通话的指示》(1957年8月21日),江苏省档案馆藏,档案号:4013-003-1128。

中国文字改革委员会、中华人民共和国文化部、中华人民共和国教育部:《关于公布〈简化汉字总表〉的联合通知》(1962年4月16日),湖北省档案馆藏,档案号:SZ118-02-0512-003。

邹树文:《对于汉字简化方案的意见》,江苏省档案馆藏,档案号:4013-002-0411。

三、文集、年谱、日记、书信集、回忆录

埃德加·斯诺著,奚博铨译:《红色中华散记(1936—1945)》,江苏人民出版社1991年版。

埃德加·斯诺著,新民译:《大河彼岸》(又名:《今日的红色中国》),新华出版社1984年版。

陈梦家:《梦甲室存文》,中华书局2006年版。

程文、陈岳军编著:《吴玉章往来书信集》,重庆大学出版社1993年版。

韩耀成等编:《冯至全集》(第3卷),河北教育出版社1999年版。

胡乔木:《胡乔木回忆毛泽东》(增订本),人民出版社2014年版。

《胡乔木传》编写组编:《胡乔木书信集》(修订本),人民出版社2015年版。

《胡乔木传》编写组编:《胡乔木谈语言文字》(增订本),人民出版社2015年版。

胡愈之:《胡愈之文集》(第5卷),生活·读书·新知三联书店1996年版。

华东师范大学中国当代史研究中心编:《中国当代民间史料集刊12 沙文汉工作笔记:1955年》,东方出版中心2016年版。

《李先念传》编写组编:《李先念年谱》(第5卷),中央文献出版社2011年版。

刘导生:《从容忆往:95 岁抒怀》,北京出版社 2008 年版。

刘凌、刘效礼编:《施蛰存全集·北山散文集(第二辑)》(第 3 卷),华东师范大学出版社 2011 年版。

刘御:《刘御教育文集》,陕西人民教育出版社 1991 年版。

吕叔湘:《吕叔湘全集》(第 6 卷),辽宁教育出版社 2002 年版。

瞿秋白:《瞿秋白文集·文学编》(第 3 卷),人民文学出版社 1989 年版。

王力:《汉语史稿》,《王力文集》(第 9 卷),山东教育出版社 1988 年版。

吴学昭整理:《吴宓日记续编(1954—1956)》(第 2 册),生活·读书·新知三联书店 2006 年版。

吴学昭整理:《吴宓书信集》,生活·读书·新知三联书店 2011 年版。

武衡、谈天民、戴永增主编:《徐特立文存》(第 4 卷),广东教育出版社 1995 年版。

萧三:《萧三文集》,新华出版社 1983 年版。

谢·列·齐赫文斯基著,陈之骅等译:《我的一生与中国:30—90 年代》,社会科学文献出版社 1994 年版。

杨逢彬整理:《积微居友朋书札》,湖南教育出版社 1986 年版。

杨树达:《积微翁回忆录》,北京大学出版社 2007 年版。

叶至善整理:《叶圣陶日记》(中、下),商务印书馆 2018 年版。

曾宪通编:《容庚杂著集》,中西书局 2014 年版。

张元济:《张元济全集·日记》(第 7 卷),商务印书馆 2008 年版。

中共四川省委党史工作委员会《吴玉章传》编写组编:《怀念吴老》,重庆出版社 1986 年版。

中共四川省委党史研究室编:《吴玉章年谱》,四川人民出版社 1998 年版。

中共中央党史和文献研究院编:《毛泽东年谱》(第 5 卷),中央文献出版社 2023 年版。

中共中央文献研究室编:《周恩来年谱:1949—1976》(上、中、下),中央文献出版社 2007 年版。

中国人民大学语言文字研究所编:《文字改革文集》,中国人民大学出版社1978年版。

中华全国世界语协会编:《叶籁士文集》,中国世界语出版社1995年版。

周有光:《周有光文集》(第14卷),中央编译出版社2013年版。

周有光:《周有光语言学论文集》,商务印书馆2004年版。

朱乔森编:《朱自清全集》(第8卷),江苏教育出版社1993年版。

四、资料文献和文件汇编

本社编:《汉语拼音方案草案讨论集》(第2辑),文字改革出版社1957年版。

本社编:《汉语拼音方案草案讨论集》(第4辑),文字改革出版社1958年版。

本社编:《清末文字改革文集》,文字改革出版社1958年版。

本社编:《山西省推行注音扫盲和推广普通话万荣现场会议资料汇编》,文字改革出版社1960年版。

本社编:《推广普通话文件汇编》,文字改革出版社1985年版。

陈青今编译:《日本文字改革史料选辑》,文字改革出版社1957年版。

第一届全国普通话教学成绩观摩会秘书处编:《第一届全国普通话教学成绩观摩会文件资料汇编》,文字改革出版社1959年版。

杜子劲编:《一九四九年中国文字改革论文集》,大众书店1950年版。

杜子劲编:《一九五○年中国语文问题论文辑要》,大众书店1952年版。

费锦昌主编:《中国语文现代化百年记事》,语文出版社1997年版。

甘肃省社会科学院历史研究所编:《陕甘宁革命根据地史料选辑》(第4辑),甘肃人民出版社1985年版。

国务院法制局编:《中华人民共和国现行法规汇编·教科文卫卷》(1949—1985),人民出版社1987年版。

《教育文献法令汇编(1958年)》,中华人民共和国教育部办公厅编印1959年版。

金炳镐编著:《民族纲领政策文献选编》(第1编),中央民族大学出版社2006年版。

《毛泽东思想万岁》(1949.10—1957.12),编印者不详1968年版。

南京大学中文系语言教研室编:《语言政策学习资料》,江苏省邳县印刷厂1975年印。

倪海曙编:《中国语文的新生:拉丁化中国字运动二十年论文集》,时代出版社1949年版。

倪海曙编著:《拉丁化新文字运动的始末和编年纪事》,知识出版社1987年版。

全国教育和文化、卫生、体育、新闻方面社会主义建设先进单位和先进工作者代表大会办公室编:《文教战线红旗飘:全国文教先进单位和先进工作者经验和事迹选编(业余教育方面)》,人民出版社1960年版。

全国人大常委会法制工作委员会研究室编:《中华人民共和国行政法律法规全书》(第8册),中国民主法制出版社2000年版。

全国文字改革会议秘书处编:《全国文字改革会议文件汇编》,文字改革出版社1957年版。

陕西省档案馆,陕西省社会科学院编:《陕甘宁边区政府文件选编》(第2—3辑),档案出版社1987年版。

陕西师范大学教育研究所编辑:《陕甘宁边区教育资料(社会教育部分)》(上),教育科学出版社1981年版。

《文字改革》杂志编辑部编:《建国以来文字改革工作编年记事》,文字改革出版社1985年版。

现代汉语规范问题学术会议秘书处编辑:《现代汉语规范问题学术会议文件汇编》,科学出版社1956年版。

袁亮主编:《中华人民共和国出版史料》(第15册),中国书籍出版社2013年版。

中共中央文献研究室编:《建国以来重要文献选编》(第8、11册),中央文献出版社2011年版。

中共中央宣传部办公厅、中央档案馆编研部编：《中国共产党宣传工作文献选编（1949—1956）》，学习出版社1996年版。

中国文字改革委员会编：《简化字总表》，文字改革出版社1964年版。

中国文字改革委员会第一研究室编：《外国文字改革经验介绍》，文字改革出版社1957年版。

中国文字改革委员会研究推广处编：《第二次全国普通话教学成绩观摩会资料选编》，文字改革出版社1960年版。

中国语文杂志社编：《中国文字改革问题》，中华书局1954年修订版。

中华人民共和国国务院：《汉字简化方案》，人民教育出版社1956年版。

中央档案馆、中共中央文献研究室编：《中共中央文件选集》（第33册），人民出版社2013年版。

五、地方史志、文史资料

大田县地方志编纂委员会编：《大田县志》，中华书局1996年版。

陕西省地方志编纂委员会编：《陕西省志·报刊志》（第70卷），陕西人民出版社2000年版。

延安市志编纂委员会编：《延安市志》，陕西人民出版社1994年版。

中国人民政治协商会议延安市委员会文史资料委员会：《延安文史资料》（第6辑），出版者不详1992年版。

六、研究著作

曹伯韩：《论新语文运动》，东方书店1952年版。

曹伯韩：《语文问题评论集》，东方书店1954年版。

陈越：《文化技术的发展和中国文字改革问题》，东方书店1955年版。

《当代中国的文字改革》编辑委员会编：《当代中国的文字改革》，当代中国出版社、香港祖国出版社2009年版。

段生农：《关于文字改革的反思》，教育科学出版社1990年版。

高名凯：《高名凯语言学论文集》，商务印书馆1990年版。

黄德宽:《书同文字:汉字与中国文化》,江苏人民出版社 2017 年版。

黎锦熙:《国语运动史纲》,商务印书馆 1934 年版。

黎锦熙:《文字改革论丛》,文字改革出版社 1957 年版。

刘家丰编著:《论简化字》,远帆世纪出版社 2007 年版。

流沙河编著:《正体字回家:细说简化字失据》,新星出版社 2016 年版。

卢戆章:《一目了然初阶》(1892 年),文字改革出版社 1956 年版。

陆俭明、沈阳:《汉语和汉语研究十五讲》(第 2 版),北京大学出版社 2016 年版。

倪海曙:《清末汉语拼音运动编年史》,上海人民出版社 1959 年版。

裘锡圭:《文字学概要》,商务印书馆 2013 年修订版。

史定国主编:《简化字研究》,商务印书馆 2004 年版。

藤井明、姜焕柱:《中国的文字改革》,河北大学出版社 2000 年版。

汪学文:《中共文字改革之演变与结局》,(台湾)"国立"政治大学国际关系研究中心 1983 年印行。

王爱云:《新中国文字改革》,人民出版社 2019 年版。

王爱云:《中国共产党领导的文字改革》,人民日报出版社 2015 年版。

王东杰:《声入心通:国语运动与现代中国》,北京师范大学出版社 2019 年版。

吴学昭:《吴宓与陈寅恪》(增补本),生活·读书·新知三联书店 2014 年版。

谢世涯:《新中日简体字研究》,语文出版社 1989 年版。

杨慧:《思想的行走:瞿秋白"文化革命"思想研究》,商务印书馆 2012 年版。

张静如主编:《毛泽东研究全书(家世编·海外编)》(第 6 卷),长春出版社 1997 年版。

张世禄:《汉字改革的理论和实践》,文字改革出版社 1957 年版。

张书岩等编著:《简化字溯源》,语文出版社 1997 年版。

郑林曦:《汉字改革》,新知识出版社 1957 年版。

郑林曦:《论语说文》,商务印书馆1983年版。

郑林曦:《中国文字为什么必须改革》,东方书店1953年版。

周有光:《百岁新稿》(修订版),生活·读书·新知三联书店2014年版。

周有光:《汉字改革概论》(修订本),文字改革出版社1964年版。

七、期刊文章

陈章太:《〈汉语拼音方案〉的功绩、发展及问题》,《语言文字应用》2008年第3期。

程中原:《胡乔木:二十世纪中国文字改革的杰出代表》,《南京师范大学文学院学报》2002年第1期。

崔明海:《文字与国家:近代简体字运动的兴起及其社会纷争》,《史学集刊》2010年第6期。

冯志伟:《汉语拼音走向世界:成绩与缺憾:纪念〈汉语拼音方案〉颁布60周年》,《北华大学学报》(社会科学版)2018年第2期。

何林:《刍议简化汉字》,《首都博物馆丛刊》2009年第23期。

胡锦贤:《百年汉字改革运动的反思》,《湖北大学学报》(哲学社会科学版)2007年第1期。

胡明扬:《简化汉字的功过》,《语文建设》1991年第1期。

胡瑞昌:《〈汉语拼音方案〉50年的成就与思考》,教育部语言文字应用管理司编:《汉语拼音教学国际研讨会论文集》,语文出版社2010年版。

焦风:《三十年代中国世界语者介绍拉丁化新文字的一点回忆》,《文字改革》1963年第11期。

黎泽渝:《1915—1920年黎锦熙日记中有关毛泽东的记录摘抄》,《党的文献》1999年第3期。

栗洪武、樊红雷:《陕甘宁边区新文字扫盲教育实验与〈汉语拼音方案〉制定》,《教育研究》2018年第7期。

栗洪武:《徐特立与陕甘宁边区的新文字教育运动》,《徐特立研究》1996年第3期。

刘胜骥:《中共改革汉字汉语之运动》,《"国立"政治大学历史学报》(台湾)2001年第18期。

刘震:《抗日战争时期山东省滨海地区的新文字推行工作》,《文字改革》1983年第6期。

陆锡兴:《"二简"研究》,《南昌大学学报》(人文社会科学版)2005年第2期。

马庆株:《〈汉语拼音方案〉研制历程及当代发展:兼谈普通话的推广》,《语文建设》2018年第19期。

缪钺:《简化字刍议》,《中国文化》1992年第6期。

亓婷婷:《从中共文字改革历史看简化字》,《台湾师范大学学报》(台北)2009年第2期。

史萍青著,吴友根译:《关于中国新文字历史的一章(1928—1931)》(上、下),《语文建设》1962年第9—10期。

苏培成:《重新审视简化字》,《北京大学学报》(哲学社会科学版)2003年第1期。

苏培成:《简化汉字60年》,《语言文字应用》2009年第4期。

王爱云:《毛泽东与中国共产党领导的文字改革》,《党的文献》2010年第3期。

王爱云:《中国共产党与新中国文字改革(1949—1958)》,《党史研究与教学》2009年第6期。

王宁:《二十世纪汉字问题的争论与跨世纪的汉字研究》,《中国社会科学》1997年第1期。

王宗柏:《吴玉章的文字改革思想与实践》,《锦州师范学院学报》(哲学社会科学版)1985年第3期。

许静波:《技术与成本之困:1935年汉字改革运动中的上海出版界》,《中国出版史研究》2019年第1期。

叶籁士:《回忆语联:三十年代的世界语和新文字运动》,《新文学史料》1982年第2期。

于根元:《推广普通话 60 年》,《语言文字应用》2009 年第 4 期。

袁钟瑞:《新中国推广普通话 70 年》,《汉字文化》2020 年第 1 期。

张雁:《抗日战争时期新四军军部地区的新文字运动》,《文字改革》1961 年第 12 期。

郑林曦:《新中国文字改革工作的关键人物》,《语文建设》1993 年第 9 期。

周殿生、仇晓钰:《试论国家语言规划的政治属性》,《语言规划学研究》2017 年第 2 期。

周清泉:《也谈简体字》,《成都大学学报》2010 年第 1 期。

周有光:《形体简化是一切文字发展的共同规律:纪念〈汉字简化方案〉公布 50 年》,《群言》2006 年第 6 期。

后 记

在前一个课题"近代国语运动"研究结束之后，考虑到平时的教学工作主要集中在党史国史方面，所以我有意识地把研究主题转向新中国文字改革历史。随后，我以此为题，经过几次尝试，于2016年申请到教育部青年项目的基金资助，这本书的内容大致就是这个项目的研究成果。这个项目最后是以论文来结项的，没想到能编辑成一本书。不过，2020年7月，我的硕士生导师南京大学历史系陈蕴茜教授在与病魔抗争几年之后不幸离世，这件令人伤心的事情让我的心思发生了改变。

我至今仍记得当年与陈老师见面的场景。2003年下半年考研之前，我在安徽大学历史系同学郭昭昭的引荐之下，有幸与陈老师相识。当时是在南京大学鼓楼校区陈老师上课的教室之外匆匆见面的，陈老师很是热情，一口答应我报考她的研究生的请求，并让我好好复习考试。考研成绩出来后，我在南京大学中国近现代史专业考生中排名较后，虽然可以被录取，但不一定能够申请到研究生的公费名额。陈老师一开始非常担心此事，她觉得如果是自费的话，对一个学生来说，经济压力过大，读硕士期间恐怕无心好好读书。后来在她的帮助下，我有幸分配到学院里的公费名额。当时她发邮件给我报喜，字里行间透露出的高兴劲让我非常感动。

2004年9月，我进入南京大学历史系学习，跟随陈老师攻读中国近现代史专业的硕士研究生。陈老师在生活上对门下弟子关怀备至，在学习上却要求非常严格。当时陈老师刚从美国哈佛大学访学归国，正积极将西方人类学、社会学的研究理论和方法引入中国近代史研究领域。她给我们推荐的参考书大多是西方现代人类学和社会学的经典著作。我的硕士论文研究题目"近代国语运动"也是陈老师积极支持我选取的。陈老师希望我从人类学、社会学理论所推崇的语言、国家和权力角度来做硕士论文，不过，我这人脑筋比较呆板，思维方式还是传统的史学模式，跟不上陈老师的学术研究节奏，这一点也是她后来一直不满意的地方。陈老师研究民国史的理论和视角很多是跨学科的，但做学问的方式还是传统的史学硬功夫，那就是"有一分史料说一分话"，这点对我的影响是最大的。南大港台阅览室有很多一般图书馆见不到的图书和史料，陈老师常常在此查阅史料写论文。为了最大限度地利用时间，她常常一整天都泡在港台阅览室，到了中午下班时间，她让管理员把她锁在阅览室里，自己啃几口面包充饥，继续看书查阅资料。平时陈老师也会利用在外地开会的间隙去当地档案馆查阅史料，不仅查阅自己需要的史料，有时还替学生查找。我想，陈老师之所以会生病过早离世，恐怕也与她平时太过劳累有关。

进入安徽师范大学工作之初，我兼职做学生辅导员工作，教学和做学生工作的时间都比较紧张。陈老师当初在南大留校也做过辅导员，她以自己的工作经历为例一再告诫我，平时工作再忙也要坚持做研究，不能荒废专业。工作之后，我在学术上也没有什么成果，虽然芜湖离南京很近，但总觉得不好意思去拜访陈老师，平时只是通过写邮件或者发微信的方式向陈老师问候一声。陈老师生病之后，我曾带着妻子去看过她一次，她一再要求我们不要特意来看她，怕麻烦我们，怕耽误我们的时间。现在我自己也成了一名高校老师，慢慢地才真正理解做老师的苦心，体会到高校老师的不易和辛劳。

命运不公，陈老师离世之时，也不过55岁，正是一个学者做学问出成果的最好时期，这也是陈老师的同事和许多好友感伤不已的地方。现在陈老师已经去世了，不过，她的学术思想仍以著作传于后世，影响着我。作为陈老师所带的几十名学生中的一员，在她离世后，我一直思索着，该用何种方式表达对陈老师的感恩之情。我想这本书也许是最好的纪念吧。

　　这本书之所以能够成形，得益于安徽师范大学马克思主义学院的支持，感谢党史教研室的诸位领导和同事在平时教学和科研工作中对我的督促和帮助。这是我在安徽师大出版社出版的第二本书，感谢出版社领导的支持和各位编辑的辛勤编校工作。本项研究得到教育部人文社科青年基金的资助，让我在各地查找资料时，免去了后顾之忧。感谢我的父母和妻子在背后默默支持着我的工作，他们承担了全部的家庭事务和抚育孩子的重担，让我能在繁重的教学工作之余抽身来查找资料和修改论文。本书大部分内容曾在《当代中国史研究》《史林》《人文杂志》《学术探索》等学术期刊上发表，感谢各位审稿专家和编辑提供的建设性意见。

2020 年 8 月盛夏初稿

2024 年 9 月改定